“十四五”普通高等教育本科部委级规划教材

哈尔滨学院校企合作教材立项项目

中学化学实验教学研究

Zhongxue Huaxue Shiyan Jiaoxue Yanjiu

宫显云 盛 双 王 锐◎主编

中国纺织出版社有限公司

内 容 提 要

本书以基础化学教育改革要求为指导，以培养高素质中学化学教师为目的，结合《义务教育化学课程标准（2022年版)》，根据中学化学实验教学改革的变化与趋势选择教材内容。全书内容包括绪论、中学化学实验室的建设与管理、中学化学实验基础操作训练、中学化学基础实验研究、中学化学跨学科实践研究等内容。在设计上既注重实验的基础性，也注重实验的探究性，在每个实验项目中增加了课程思政案例和课外知识等新体例，在向学生传递知识、培养技能的同时，做好价值观的引领，为他们未来的发展打下坚实的思想基础。

本书可作为高等师范院校中学化学实验教学研究课程教材，也可作为中学化学教师和化学教育研究者的参考书。

图书在版编目（CIP）数据

中学化学实验教学研究 / 宫显云，盛双，王锐主编．北京：中国纺织出版社有限公司，2025. 6. --（“十四五”普通高等教育本科部委级规划教材）. --ISBN 978-7-5229-2387-1

Ⅰ. G633. 83

中国国家版本馆 CIP 数据核字第 2025145PS4 号

责任编辑：金 鑫 闫 婷　　责任校对：高 涵

责任印制：王艳丽

中国纺织出版社有限公司出版发行

地址：北京市朝阳区百子湾东里 A407 号楼　邮政编码：100124

销售电话：010—67004422　传真：010—87155801

http://www. c-textilep. com

中国纺织出版社天猫旗舰店

官方微博 http://weibo. com/2119887771

三河市宏盛印务有限公司印刷　各地新华书店经销

2025 年 6 月第 1 版第 1 次印刷

开本：787×1092　1/16　印张：9. 75

字数：206 千字　定价：58. 00 元

前　言

随着义务教育全面普及，教育需求从“有学上”转向“上好学”，必须进一步明确“培养什么人、怎样培养人、为谁培养人”，优化育人蓝图。当今世界科技进步日新月异，网络新媒体迅速普及，人们生活、学习、工作方式不断改变，儿童青少年成长环境深刻变化，人才培养面临新挑战。为了贯彻党的二十大提出的关于教育的新思想、新战略、新要求，中学化学课程必须与时俱进，在理念、内容与教学方式上均需有新的研究与变化。中学化学实验教学研究是根据高等师范院校化学专业对师范生实验教学的基本要求而开设的一门必修课程。本书的特点是实验研究与科学方法相结合，案例引导与自主探究相结合。通过学生自主、合作查阅实验资料、设计实验研究方案、探究实验过程，培养化学专业的师范生进行中学化学实验教学和实验研究的基本技能，培养他们指导中学生开展化学实践活动的教学研究能力和创新精神。本书依据新课程改革的理念，结合《义务教育化学课程标准（2022 年版）》和《普通高中化学课程标准（2017 年版 2020 年修订）》，精选促进学生核心素养发展的化学实验内容，在实验项目上融入课程思政内容，注重结合学生已有生活经验，反映化学科学发展的新成就，体现化学课程内容的基础性、时代性和实践性。

另外，本书的编写还立足于地方师范院校的实际，力求能达到如下要求：①加强学生实验演示技能，规范完成实验操作且能有效引导观察；②强化学生实验指导技能，掌握实验改进及实验教学的技法。培养学生的问题意识和科学严谨的态度。注重学科内的融合及学科间的联系，明确学习主题，包括核心知识、思维方法和情感态度价值观等。聚焦中国学生发展核心素养，培养学生适应未来发展的正确价值观、必备品格和关键能力，引导学生明确人生发展方向，成长为德智体美劳全面发展的社会主义建设者和接班人。

全书共分为 5 章，第一章绪论主要介绍中学化学实验发展及教育功能、实验内容体系、教学方法及要求、设计与创新、教学评价及考查。第二章介绍中学化学实验室的建设与管理，第三章介绍中学化学实验中常用的基础操作训练及其装置搭建，第四章中学化学基础实验研究主要介绍化学课程标准中规定的学生必修实验项目，第五章中学化学跨学科实践研究主要介绍化学课程标准的选修实验项目以及一些探究性实验，与现行中学化学教材紧密相关的设计实验和部分课外实验案例，内容有基于碳中和理念设计低碳行动方案、空气中二氧化硫含量测定的实验方案设计以及和日常生活相关的兴趣化学实验。

本书由哈尔滨学院宫显云、盛双与哈尔滨市第六十中学王锐主编，其中宫显云编写前言、第一章~第三章及第四章实验一至实验六（约 110 千字），盛双编写第四章实验七至实验十二、第五章（约 60 千字），王锐提供实验教学案例及部分实验改进验证工作（约

30 千字）。全书由宫显云负责统稿、修改、定稿工作。

在本书的编写过程中，参阅不少专家学者的研究成果和国内同类教材的文献资料，并引用一些材料和数据，在此向各版教材和被引用文献资料的作者表示诚挚的谢意！

本书的编写和出版，得到哈尔滨学院教务处校企合作教材项目的资助，得到哈尔滨市第六十中学、哈尔滨学院王菲菲老师的支持，在此表示衷心的感谢！

由于作者自身的水平有限，恐仍未能全面反映中学化学实验研究的新进展，书中缺点和不妥之处难免，敬请广大师生给予指正。

编者

2024 年 9 月

目　　录

第一章　绪论

化学是一门以实验为基础的社会科学，可以说实验就是化学的灵魂。每一个化学的定律、原理和规律无一不是从实验中得出的结论。学生在义务教育阶段开始接触化学实验，不仅可以培养科学素养与技能，而且可以提升团结协作能力、科学探究能力以及创新能力。因此中学化学实验在教育教学过程中占有举足轻重的地位。

作为一名化学师范专业的学生——未来的化学教师，不仅要理解中学化学实验在教育教学过程中的作用，而且需要掌握实验教学实施的有效途径及基本规律，具备运用实验教化学、对实验教学涉及的问题进行深入研究的能力，这对将来从事化学教育教学工作具有重要的现实意义。

第一节　化学实验的发展及教育功能

一、化学实验的发展

从化学实验的发展历史来看，其大致经历了三个时期：早期化学实验、中期化学实验以及现代化学实验。随着人类文明的发展、化学实验的进步，化学科学也从萌芽时期走进了越发成熟的现代社会。

人们通过早期“化学实验”获得了铜、金以及酒精等物质，初步探寻到一些化学反应的规律，但仍没有将其从社会生产、生活实践中剥离出来，而成为一门独立的科学实践学科。直至 17 世纪中期，英国化学家罗伯特·波义尔（Robert Boyle）根据大量的实验事实，提出了第一个科学的“元素”定义，并主张只有运用科学以及严密的实验方法才能够把化学确立为科学。他将化学从炼金术和医药学中解放出来，独立成为一门专为探索自然界本质的科学，为近代化学奠定了基础。18 世纪后期，法国化学家安托万-洛朗·拉瓦锡（Antoine-Laurent de Lavoisier）通过金属燃烧实验进行的定量方法研究空气的成分，阐释了燃烧作用的氧化学说，发现了质量守恒定律，推翻了长达一个世纪的错误的“燃素说”，且将近代化学实验从定性分析推进到定量分析的研究水平，被人们认为是近代化学实验发展重要的里程碑。自此后，化学实验蓬勃发展，产生了许多重要的化学理论和学说。例如，英国化学家约翰·道尔顿（John Dalton）以古希腊“朴素原子论”和“牛顿微粒说”为基础提出了原子论。1811 年，意大利化学家阿莫迪欧·阿伏伽德罗（Amedeo Avogadro）从盖·吕萨克的气体反应体积关系实验得到启发提出了有深远影响的分子假说。此外，科学家还提出有机化学经典结构理论、电化学方法及基本理论等。历经约两个世纪的发展，科学家们明确了近代化学实验的性质及作用，构建及发展了相应的实验方法论，挖掘和研发了相对先进的实验仪器。与早期化学实验相比，其不仅可以作为明晰实验事实的途径和手段，而且具有检验化学相关理论、验证假说、发现和设计新的化学物质等的作用。

19 世纪，化学实验步入了现代化学实验阶段，与之前的化学实验相比，其具有明显的特点。一方面，实验内容以结构测定和化学合成实验为主；另一方面，实验手段、表征方法更加现代化，实验规模和方式发生了较大的变化。这也极大地推动了物质结构的测定、新物质的制备合成，尤其是有机合成的迅猛发展。此外，现代化学实验还在化学反应动力学和溶液理论等的建立方面彰显了极其重要的作用。20 世纪以来，现代化学实验在物质的制备与合成、物质的分离、物质的分析及检验等方面发挥着越来越重要的作用。基于仪器和图谱表征的现代实验技术得到突飞猛进的发展，促使实验的功能日益强大。例如，将光电效应应用于光强度的控制，构建了第一台分光光度计，可以对物质的组成、含量和结构进行分析和推测。紫外光谱灵敏度和准确度高，应用广泛，对大部分有机物和很多金属、非金属及其化合物都能进行定性、定量分析，且仪器的价格便宜，操作简单、快速，易于普及推广，所以至今它仍是有机化合物结构鉴定的重要工具。英国化学家阿龙·克卢格（Aaron Klug）将电子显微镜与 X 射线晶体学结合起来，发明了一种新的分析技术，并通过该技术揭示了生物遗传物质的详细结构。他和剑桥大学的同事们还研究了转移核糖核酸的螺旋结构及其在动物细胞中的作用。他由于在测定生物物质的结构方面的贡献而获得 1982 年诺贝尔化学奖。随着分析仪器和测定精度的蓬勃发展，新型结构分析仪器的不断推陈出新，化学实验在结构化学领域也将会大展宏图。

化学实验既是形成化学假说及理论的基本途径，又是获得化学科学事实的基本方法，是联系认识主体和认识客体的中介，是沟通认识主体和化学科学认识的桥梁，具有丰富人的感性认识内容的功能。可以说近现代化学科学的发展离不开化学实验。

二、中学化学实验的教育教学功能

关于化学实验在中学化学教育教学中的作用，人们一般认为其能够使学生形成有关物质的概念、化学原理和基础理论；帮助学生检验及巩固相关知识，激发学习兴趣；培养学生严谨的科学态度；培养和发展观察能力、思维能力，也是培养实验技能操作的重要途径。中华人民共和国教育部制定的《普通高中化学课程标准（2017 年版 2020 年修订）》中这样说明实验在中学化学课程中的作用：“以实验为基础是化学学科的重要特征之一，化学实验对于全面发展学生的化学学科核心素养有着极为重要的作用。化学实验有助于激发学生学习化学的兴趣，创设生动活泼的教学情境，帮助学生理解和掌握化学知识和技能，启迪学生的科学思维，训练学生的科学方法，培养学生的科学态度和价值观”。因此，中学化学教学过程中要突出化学学科的特征，强化实验教学，实现新课程教育目标，要求化学教育工作者们必须重视化学实验在中学化学教育教学中的功能。

关于中学化学实验的教育教学功能，不同的研究者也有不同的见解。一种观点认为，其具有深刻的认识论意义，能为学生检验化学理论、验证化学假说提供实验事实。学生在学习化学时，其已有知识、经验与学生目前未知但准备去探究的新知识之间产生差距，这种差距就是化学教学的认识问题。化学实验能影响学生科学的世界观和方法论的形成，能有力地培养学生的科学态度、各种学习能力和良好的学风。另一种观点认为，不同的实验类型承载着不同的教学功能。例如，学生探究实验是培养学生实验探究技能和能力，养成科学探究态度和科学方法的重要的教学形式；演示实验能够为学生提供感性认识材料，并在此基础上引导学生思考，进而形成化学概念、理论和对元素化合物性质、变化的认识。

《普通高中化学课程标准（2017 年版 2020 年修订）》指出，在中学化学教学中，可以从以下几个方面发挥化学实验的教学功能。

（1）引导学生通过实验探究活动学习化学。例如，可通过“催化剂对过氧化氢分解反应速率的影响”的实验探究活动，帮助学生了解催化剂是影响化学反应速率的一个重要因素。

（2）重视通过典型的化学实验事实引导学生认识物质及其变化的本质和规律。例如，可通过具体实验数据引导学生讨论第 3 周期元素及其化合物的性质，以及性质变化规律。

（3）利用化学实验史实引导学生了解化学概念、化学原理的形成和发展，认识实验在化学科学发展中的重要作用。

（4）引导学生综合运用所学的化学知识和技能，进行实验设计和实验操作，分析和解决与化学有关的实际问题。

第二节　中学化学课程中的实验内容体系

目前，我国中学化学课程中的实验内容及其学习要求主要由教育部制定的《义务教育化学课程标准（2022 年版）》和《普通高中化学课程标准（2017 年版 2020 年修订）》，以及根据课程标准编写的化学教材来规定和体现。

一、初中化学课程中的实验内容

《义务教育化学课程标准（2022 年版）》（简称初中化学课标）以促进学生核心素养发展为导向，设置五个学习主题，即“科学探究与化学实验”“物质的性质与应用”“物质的组成与结构”“物质的化学变化”“化学与社会·跨学科实践”。对初中生要学习的化学实验技能和要经历的具体实验活动进行了如下的说明。

1. 初中化学实验技能

义务教育化学课程标准指出，指导化学实验是进行科学探究的重要方式。学生具备基本的化学实验技能是学习化学和进行科学探究活动的基础和保证。初中学生对于化学实验技能，应达到如下基本要求。

（1）熟悉化学实验室安全警示标识，学会正确使用安全防护设施，学习妥善应对实验安全问题的必要措施。

（2）学会试剂的取用、简单仪器的使用及连接、加热等实验基本操作。

（3）初步学会在教师指导下根据实验需要选择实验试剂和仪器，并能安全操作。

（4）初步学会配制一定溶质质量分数的溶液。

（5）学会用酸碱指示剂、pH 试纸检验溶液的酸碱性。

（6）初步学会根据某些性质检验和区分一些常见的物质。

（7）初步学习使用过滤、蒸发的方法对混合物进行分离。

（8）初步学习运用简单的装置和方法制取某些气体。

（9）初步学会观察实验现象，并如实记录、处理实验数据，撰写实验报告等技能。

2. 初中化学实验活动内容

义务教育化学课程标准围绕“科学探究与化学实验”“物质的性质与应用”“物质的组成与结构”“物质的化学变化”“化学与社会·跨学科实践”等五个一级主题内容，提供了如表 1-1 所列的化学实验活动与探究建议内容。

表 1-1　初中化学课程标准中的化学实验活动与探究建议内容

序号	内容主题	实验活动与探究建议
1	科学探究与化学实验	探究过氧化氢分解反应中二氧化锰的催化作用
2		探究铜片在空气中灼烧后发生的变化
3		探究二氧化碳与水或氢氧化钠稀溶液的反应
4		测定并比较氯化钠、硝酸铵、氢氧化钠在水中溶解时溶液的温度变化
5		探究铁钉生锈的条件
6		探究氢氧化钠溶液和稀盐酸发生中和反应时的温度变化、pH 变化
7	物质的性质与应用	探究空气中氧气的含量
8		制取蒸馏水
9		探究活性炭和明矾等净水剂的净水作用
10		自制酸碱指示剂并观察其在不同溶液中的颜色变化
11		使用 pH 试纸等检测生活中常见溶液的酸碱性
12	物质的组成与结构	观察并解释氨水挥发使酚酞溶液变红，红墨水分别在冷水和热水中扩散的实验现象
13		观察水的三态变化和水分解的实验现象
14		通过蜡烛、甲烷、乙醇的燃烧实验了解探究物质元素组成的方法

续表

序号	内容主题	实验活动与探究建议
15	物质的化学变化	探究燃烧的条件
16		探究常见酸溶液、盐溶液与金属发生置换反应及规律
17	化学与社会·跨学科实践	模拟从海水中获取淡水的实验
18		模拟酸雨对植物、建筑等的影响
19		用简单的实验区分棉纤维、羊毛纤维和合成纤维
20		检测人体呼出气体中酒精的含量

初中化学课程标准指出，学生学习和运用化学实验技能和科学探究方法，离不开实验活动。教师应结合具体的教学内容，积极创造条件，通过多种途径，安排和组织学生完成如下必做化学实验活动：

（1）粗盐中难溶性杂质的去除。

（2）氧气的实验室制取与性质。

（3）二氧化碳的实验室制取与性质。

（4）常见金属的物理性质和化学性质。

（5）常见酸、碱的化学性质。

（6）一定溶质质量分数的氯化钠溶液的配制。

（7）水的组成及变化的探究。

（8）燃烧条件的探究。

初中化学课程标准中对教材内容编写提出如下建议：教材内容选择重视实验探究活动，围绕核心知识精选实验内容，设计有科学探究意义的实验活动，为学生提供亲身经历和体验实验探究的机会，充分发挥化学实验的教学功能，培养学生的创新意识和实践探究能力。高度关注实验安全问题，引导学生养成规范操作的习惯和自觉的安全意识。

二、高中化学课程中的实验内容

《普通高中化学课程标准（2017 年版 2020 年修订）》以全面发展学生化学学科核心素养为主旨，确定课程的主题、模块和系列。在必修课程阶段，突出化学基本观念的统领作用，选取“化学科学与实验探究”“常见的无机物及其应用”“物质结构基础与化学反应规律”“简单的有机化合物及其应用”“化学与社会发展”五个主题。在选择性必修课程中，依据化学学科的基础性研究领域，设置“化学反应原理”“物质结构与性质”“有机化学基础”三个模块。在选修课程中，有“实验化学”“化学与社会”“发展中的化学科学”三个系列，本书选取了“实验化学”系列下的“基础实验”“化学原理研究”“化工生产过程模拟实验”“STSE 综合实验”四个主题，综合体现化学学科的特点、社会发展价值和时代性，以及化学学科核心素养的多样性内涵，提供了表 1–2 所列的化学实验活动与探究建议内容。

表 1–2　普通高中化学课程标准中的化学实验活动与探究建议内容

<table>
<tr><th>课程性质</th><th>主题内容</th><th>实验活动与探究建议</th></tr>
<tr><td rowspan="32">必修课程</td><td rowspan="5">主题 1：
化学科学与实验探究</td><td>配制一定物质的量浓度的溶液</td></tr>
<tr><td>常见气体的实验室制取（氨气、氯气）</td></tr>
<tr><td>硫酸亚铁的制备</td></tr>
<tr><td>化工生产模拟实验（制硫酸、制硝酸）</td></tr>
<tr><td>物质成分的检验（补铁剂中的铁元素）</td></tr>
<tr><td rowspan="20">主题 2：
常见的无机物及其应用</td><td>胶体的丁达尔实验</td></tr>
<tr><td>电解质的电离</td></tr>
<tr><td>探究溶液中离子反应的实质及发生条件（测定电流或溶液电导率的变化）</td></tr>
<tr><td>氧化还原反应本质的探究</td></tr>
<tr><td>过氧化氢的氧化性、还原性的探究</td></tr>
<tr><td>金属钠的性质</td></tr>
<tr><td>碳酸钠与碳酸氢钠性质的比较</td></tr>
<tr><td>铁及其化合物的性质实验</td></tr>
<tr><td>氧化亚铁的制备</td></tr>
<tr><td>氯气的制备及性质</td></tr>
<tr><td>氯水的性质及成分探究</td></tr>
<tr><td>氨气的制备及性质</td></tr>
<tr><td>铵盐的性质</td></tr>
<tr><td>浓、稀硝酸的性质</td></tr>
<tr><td>氮氧化物的性质与转化</td></tr>
<tr><td>不同价态含硫物质的转化</td></tr>
<tr><td>某些含硫物质（硫、二氧化硫等）的性质</td></tr>
<tr><td>浓硫酸的性质</td></tr>
<tr><td>溶液中 Fe^{3+}、NH_4^+、CO_3^{2-}、Cl^-、SO_4^{2-} 等离子的检验</td></tr>
<tr><td>用化学沉淀法去除粗盐中的杂质离子</td></tr>
<tr><td rowspan="7">主题 3：
物质结构基础与化学反应规律</td><td>自主设计制作元素周期表</td></tr>
<tr><td>焰色实验</td></tr>
<tr><td>探究反应的可逆性</td></tr>
<tr><td>镁、铝与盐酸反应的热效应</td></tr>
<tr><td>碳酸氢铵或碳酸氢钠与醋酸或柠檬酸反应的热效应</td></tr>
<tr><td>设计制作简易即热米饭盒</td></tr>
<tr><td>用生活中的材料制作简易电池，探究干电池的构成</td></tr>
</table>

续表

课程性质		主题内容	实验活动与探究建议
必修课程		主题 4：简单的有机化合物及其应用	乙烯的化学性质
			乙醇中碳、氢元素的检测
			固体酒精的制备
			乙酸乙酯的制备
			淀粉水解产物中葡萄糖的检验
			蛋白质的变性、显色实验
			吸水性高分子材料与常规材料吸水能力的比较
			不同塑料遇热软化的难易程度比较
		主题 5：化学与社会发展	实验室模拟海水提溴、镁
			实验室模拟金属的冶炼
			测定空气中二氧化硫等污染物的含量
			补铁剂、抗酸性胃药中有效成分的检验
			不同水果总维生素 C 含量的比较
选择性必修课程	模块 1：化学反应原理	主题 1：化学反应与能量	双液电池的构成及其工作原理
			制作一个简单的燃料电池
			锌锰干电池的探究
			电解氯化铜溶液
			电解饱和食盐水
			简单的电镀实验
			析氧腐蚀
			暖贴的设计
		主题 2：化学反应的方向、限度和速率	浓度对氯化铁与硫氰化钾反应平衡的影响
			温度对二氧化氮—四氧化二氮平衡的影响
			测定某化学反应的速率
			浓度、温度对硫代硫酸钠溶液与稀硫酸反应速率的影响
			探究影响硫酸酸化的草酸溶液与酸性高锰酸钾溶液反应速率的原因
			温度对加酶洗衣粉的洗涤效果的影响
		主题 3：水溶液中的离子反应与平衡	测定溶液 pH
			强酸与强碱的中和滴定
			探究促进或抑制氯化铁的水解
			盐类水解的应用
			沉淀的转化

续表

课程性质		主题内容	实验活动与探究建议
选择性必修课程	模块 2：物质结构与性质	主题 1：原子结构与元素的性质	利用自制分光镜或者光谱仪查看不同元素的原子光谱
			利用计算机作图，描述原子序数与原子半径、第一电离能、电负性等数据的关系，认识原子结构与元素性质变化的关系
			根据原子结构和元素性质的变化规律自主设计、绘制元素周期表
		主题 2：微粒间的相互作用与物质的性质	“相似相溶”原理的实际应用
			水、四氯化碳等分子极性的比较
			银、铜、铁等金属离子所形成的配合物的制取与性质
			制作典型的金属晶体、离子晶体结构模型
			利用模型分析金刚石与石墨晶体的结构特点，讨论二者性质的差异
		主题 3：研究物质结构的方法与价值	模拟利用 X 射线衍射研究物质微观结构的方法
			借助物质熔、沸点变化与范德华力的关系探究影响范德华力的因素
			探究发现氢键和建立理论模型的过程
			研究氢键对物质性质的影响
			探究分子的价电子数目与空间结构的关系
	模块 3：有机化学基础	主题 1：有机化合物的组成与结构	用球棍模型搭建常见有机化合物的分子结构
			多媒体软件展示有机化合物分子的空间结构和异构现象
			以苯酚、苯和乙醇化学性质为例，实验探究有机化合物分子中的基团与化学性质的关系，以及基团之间存在的相互影响
		主题 2：烃及其衍生物的性质与应用	一组烃的性质（如乙炔的化学性质、甲苯与酸性高锰酸钾溶液的反应）
			一组烃的衍生物的性质（如醛基的性质与检验）
			苯的溴代或硝化反应
			1-溴丁烷的取代和消去反应
			乙醇的消去反应
			乙酸乙酯的制备与性质
			苯酚的化学性质及其检验
			纤维素的水解
			油脂的皂化反应与肥皂的洗涤作用
			阿司匹林的有效成分中常见官能团的检验

续表

课程性质		主题内容	实验活动与探究建议
选择性必修课程	模块3：有机化学基础	主题3：生物大分子及合成高分子	蔗糖的水解
			葡萄糖的性质
			酶的催化作用
			聚乙烯、聚氯乙烯、聚苯乙烯的区分
			聚苯乙烯的热分解
			氨基的检验（与茚三酮的反应）
			蛋白质含量的检测（氨基与亚硝酸的反应）
			酚醛树脂的合成
选修课程		主题1：基础实验	生活中常见物质的性质研究
			有害气体的制备与性质实验的绿色化设计
			水溶液中离子平衡的探究
			硫酸亚铁铵的制备
			胶体的制备与性质
			乙酸乙酯制备反应条件的探究
			对氨基苯磺酸的合成
			海水的蒸馏
			硝酸钾粗品的提纯
			粗食盐水的纯化
			层析分离甲基橙和酚酞（或铁离子和铜离子）
			亚硝酸钠和食盐的鉴别
			加碘盐的检验
			食醋总酸量的测定
			阿司匹林药片中有效成分的检验
		主题2：化学原理探究	阿伏伽德罗常数的测定
			配位平衡的研究与平衡常数的测定
			反应常数对化学平衡的影响
			硫代硫酸钠与酸反应速率的影响因素
			燃料电池、干电池、浓差电池的模拟实验
			铝的阳极氧化
			振荡反应的探究
			纳米材料的制备与性质探究
			离子液体的制备
			化学反光反应的探究
			利用有关软件绘制分子的空间结构和分子轨道图形
			模拟分子的各种谱图

续表

课程性质	主题内容	实验活动与探究建议
选修课程	主题 3： 化工生产过程模拟实验	纯碱的制备
		氨氧化法制硝酸
		铁、铜等金属冶炼的模拟
		电解熔融盐制备金属
		肥皂的制备
		粮食酿酒
		化妆品的制备
		聚合物（如尼龙-66、酚醛树脂、胶水）的制备
	主题 4： STSE（科学·技术·社会·环境）综合实验	用比色法测定水样中的某项指标
		空气中二氧化硫、甲醛等污染物浓度的检测
		电浮选凝聚法等污水处理技术
		光伏材料的性能研究
		液晶显示材料的应用探究
		离子交换膜、反渗透膜等高分子膜的应用研究
		菠菜中的色素、茶叶中咖啡因的提取
		比色法测定补铁剂中铁的含量
		啤酒中酒精含量的测定
		阿司匹林的合成
		抑酸剂抗酸容量的探究

普通高中化学课程标准中强调，任课教师要精心设计实验探究活动。应根据“科学探究与创新意识”素养发展水平和学业质量标准，结合学生的认知发展特点，精心设计实验探究活动，有效地组织和实施实验探究教学，增进学生对科学探究的理解，发展科学探究能力。实验探究活动应紧密结合具体的化学知识的教学来进行。实验探究教学要讲究实效，不能为了探究而探究，应避免探究活动泛化、探究过程程式化和表面化；应把握好探究的水平，避免浅尝辄止或随意提升知识难度的做法；应避免实验探究过程中教师包办代替或对学生放任自流的现象。

第三节　中学化学实验的教学方法及要求

一、中学化学实验的教学方法

如果按照实验的教学目的，中学化学实验可分为侧重化学知识获得的实验（化学概念原理实验、元素化合物性质实验等）、侧重化学实验技能和方法学习的实验（基本操作训练实验、物质的制备/分离/检验鉴别实验、物质性质及反应规律探究实验），以及侧重培养学生情感态度价值观的实验（联系生活生产实际的应用性、趣味性实验）。如果按照实验实施的对象，实验可分为学生分组实验和教师演示实验。如果按照实验结果的未知性，实验可分为探索性实验和验证性实验。因此，依据分类标准的不同可以将中学化学实验划分为不同的类型。

无论中学化学实验进行怎样的分类，教学方式和方法基本是相同的，大体上可以分为四种：基于知识直观的实验教学、基于科学探究的实验教学、基于认识转变的实验教学和基于技能训练的实验教学。

（一）基于知识直观的实验教学

通过实验对知识进行直观认识，为学生形成必要的感性认知，这是中学化学实验教学长期以来的主要目的和功能。这种实验教学具有特定的教学结构和相应的教学策略，分为实验先于知识和知识先于实验两种形式，学生亲自实验和教师演示实验均可。以下列举了基于知识直观的实验教学结构、策略及案例。

1. 实验前教学环节

教学活动：教师对直观对象进行提示，引起并集中学生的注意力。

教学策略：选择性注意策略。

实验先于知识的案例：这节课我们通过实验来认识 O_2 的化学性质。请同学们特别关注反应前、反应过程中以及反应后的条件。

知识先于实验的案例：物质分为纯净物和混合物，纯净物是由单一物质组成的，具有一定的相同的物质性质。混合物是由不同物质组成的，各物质组分仍然保持各自的性质。接下来同学们来观察一个实验，认识了解混合物的特点，其与纯净物有哪些区别。

2. 实验过程教学环节

教学活动：演示实验，展示直观对象，引导学生观察并记录。

教学策略：全面有序展示策略、语言引导策略和对比策略。

实验先于知识案例：按照点燃前、在空气中点燃接着放入装有纯 O_2 集气瓶中的顺序，演示 S 与 O_2、木炭与 O_2、Fe 与 O_2、蜡烛与 O_2 的燃烧实验。

知识先于实验的案例：向同学们展示 Fe 粉和 S 粉，并用磁铁吸引；将 Fe 粉和 S 粉混合均匀，再用磁铁吸引；加热玻璃棒至红热，将其放于混合粉末中，观察现象，待反应结束后再用磁铁吸引试验。

3. 实验后教学环节

教学活动：复述实验现象，分析实验现象，概括直观对象的化学本质。

教学策略：文字与符号表征策略、归纳策略、比较与解释策略等。

实验先于知识的案例：让学生回顾、复述实验过程中的实验现象，写出反应的化学方程式，概括总结形成有关氧气化学性质的结论、化合反应和氧化反应的结论。

知识先于实验的案例：让学生回顾记录并复述实验现象，包括解释磁铁的不同实验结果，归纳总结纯净物与混合物的区别。

（二）基于科学探究的实验教学

中学化学实验是学生探究性学习的一部分，运用实验方法进行科学的探究学习要先于实验形成假设和预测，根据假设设计实验方案，利用实验获取结果，分析整理归纳实验结果，解释论证假设与结果之间的关系，归纳总结得出结论，获取知识。以下列举了基于科学探究的实验教学结构、策略及案例。

1. 实验前教学环节

教学活动：提出探究问题，形成假设和预测，设计实验方案，交流实验方案。

教学策略：问题引导性、充分表达和交流。

案例 1：O_2 有哪些化学性质？O_2 能与哪些物质反应？木炭在空气中和纯 O_2 中燃烧有什么区别？铁丝在空气中不能燃烧，那么在氧气中会燃烧吗？形成具体实验假设。

案例 2：补铁剂中铁元素的存在形式是 Fe^{3+}、Fe^{2+} 还是 Fe^{0} 呢？若为 Fe^{3+}，加入硫氰酸钾则变成血红色；若为 Fe^{2+} 价，加入硫氰酸钾则不会变色。加入氯水后 Fe^{2+} 可被氧化成 Fe^{3+}，则会变成血红色。

2. 实验过程教学环节

教学活动：按照设计的方案进行实验、收集记录实验数据、灵活调整和发展实验方案、解决突发实验问题。

教学策略：小组同学分工协作、教师视察指导评价、融入思政、安全教育。

案例 1：论证化学反应发生的现象和新物质的生成；比较物质在空气和纯 O_2 中的反应现象的不同。

案例 2：实施操作实验方案，观察并记录实验现象。

3. 实验后教学环节

教学活动：表达与交流实验过程中的现象、结果、论证进一步得出结论；反思探究的思路、方法及策略；引导情感态度价值观方面的收获。

教学策略：注重实验结果、实验事实与知识结论之间的关系；分清主次、求同存异，抓住教育时机。

案例 1：首先，引导学生汇报做了哪些实验，观察到什么实验现象，得出怎样的结论。其次，怎样进行的实验？根据观察到的实验现象怎样证实假设和达到实验目的？再次，教师根据学生的答案进行概括、总结。最后，教师强调应记住实验中的现象，能够书写反应涉及的方程式，掌握实验的探究方法。

案例 2：论证假设是否成立，说明证据。

（三）基于认识转变的实验教学

基于认识转变的实验教学通常情况下是学生进入新知识学习时已有一定的认识基础，但已有的认识往往与科学概念存在一定的偏差，属于相异概念或前科学概念。新知识的教学应从揭示学生已有的认识开始，其中实验教学环节发挥着揭示学生已有的认识、提供事实依据使学生产生新的认识等的作用。这种实验教学的本质特征在于实验内容选取、问题设置、讨论等都要紧密围绕学生的原有认识及其转变进行设计。下面列举了基于认识转变的实验教学结构、策略及案例。

1. 实验前教学环节

教学活动：设置问题情景，引导学生对实验的结果进行预测。

教学策略：针对学生已有认识，选择某个实验结果会让学生有出乎意料，与已有认识有偏差的实验问题。鼓励学生大胆合理地预测，以及说明预测的理由。适当放大学生之间观点的差异，以及存在争议的要点，让学生有自己的判断。

案例 1：在金属的活动性顺序学习中，教师首先演示金属 Fe 和 Zn 分别与 $CuSO_4$ 溶液的反应实验，再提出问题：请同学们预测一下若将金属 Cu 放入 $AgNO_3$ 溶液中会有什么现象呢？将金属 Na 放入 $CuSO_4$ 溶液中又会怎么样呢？

案例 2：关于质量守恒定律知识点的学习中，教师首先演示 Cu-Zn 原电池实验，再让学生预测以下装置是否有电流产生？将电极材料更换为 Fe-石墨；电解液更换为 NaCl 溶液；加氢氧燃料电池模型以及带盐桥的双液模型。

2. 实验过程教学环节

教学活动：展示实验现象和结果。

教学策略：引导学生关注比较实验现象和结果的预测与实际现象和结果之间的差异。

案例 1：引导学生重点观察不同金属放在不同盐溶液中能否发生反应及反应产物是什么？

案例 2：引导学生重点观察记录分析原电池有无电流产生、电极材料、电解质溶液以及电极的反应。

3. 实验后教学环节

教学活动：设问质疑，启发学生解释实验现象以及结果，发现已有认识存在的问题以及不适用。探索和接受新的概念和理论。

教学策略：促使学生体会已有认识的偏差，从而接受新理论、新知识。

案例 1：建立并正确理解金属的活动性顺序。

案例 2：反思已有认识的缺陷，建立正确原电池构成条件的认识。

(四) 基于技能训练的实验教学

基本的化学实验操作技能是中学化学教学过程中的重要内容之一，这类实验教学的教学结构、策略应依据操作技能的学习规律。

1. 实验前教学环节

教学活动：教师讲解和示范实验操作。

教学策略：分步示范与整体示范相结合。

案例 1：演示固、液体药品的取用、加热等基本实验操作。

案例 2：介绍并演示 O_2 的实验室制取原理、装置的安装、具体的操作步骤，强调实验中的需要注意的事项。

2. 实验过程教学环节

教学活动：学生模仿实验操作、迁移应用实验操作。

教学策略：设置操作运用的实验活动情景，教师语言提示操作要点和步骤。

案例 1：学生进行操作练习，如碱式碳酸铜固体粉末的加热分解；氢氧化钾溶液与硫酸铜溶液混合。

案例 2：学生可按照气密性检查、制取 O_2、收集 O_2，以及检验 O_2 几个基本操作单元先分别进行操作练习，再完成全过程操作。

3. 实验后教学环节

教学活动：反思默想。

教学策略：默想回忆；运用图示、空手训练。

案例 1：回忆默想实验操作的操作要点。

案例 2：交流实验操作的注意事项。绘制实验装置图。

二、中学化学实验教学的基本要求

可重复性是化学实验最重要的特性之一。因此中学化学实验的基本要求是：准确性、科学性及较好的重复性；具有教育价值，能够有效地促进化学知识与技能、过程与方法，以及情感态度与价值观等化学学科教学目标的实现。

（一）演示实验教学基本要求

演示实验是教师依据中学化学教学内容的特点以及学生学习的需要，运用模型、实物、多媒体投影以及实验等直观教具，进行展示或操作，使学生通过感官认识、理解以及掌握知识，传递教学信息的行为方式。演示实验是化学教学中使用较广泛、方便的一种教学实验，是教师通过宏观的化学现象解释微观的化学变化，培养学生形成化学概念，学习物质性质的重要途径之一，也是教师示范，学生学习实验操作、实验方法的重要手段之一。演示实验能够使学生注意力集中，为其提供感性认识材料，启发思考。通过演示实验，学生能掌握规范的、正确的实验操作和方法，树立良好实验习惯和认真严谨的科学态度。因此，演示实验应具备以下基本要求：

1. 目的明确，要求具体

演示实验前，教师应明确几个基本问题，即一个演示实验要说明什么科学问题？帮助学生竖立什么化学概念？揭示什么化学原理？要给学生怎样的操作？有哪些具体要求及注意事项？例如，金属 Na 与水的反应。实验的目的是说明单质 Na 具有较强的活泼性，反应的程度剧烈，产生的现象也短暂，因此演示实验前和实验过程中，教师都要引导学生明确为什么要做这个实验，怎样观察实验现象进行记录等，使学生带着问题观察，从中找到答案。

2. 现象明显，装置简单

要注重实验现象明显、直观生动，这样才能给学生以深刻的表象，提高学习的兴趣，同时激发学生学习和思考问题的积极性、主动性。因此，教师在设计演示实验时应确保现象明显。这就要求课前做好充分的准备和预演，选择恰当的仪器和试剂（包括纯度、浓度以及用量），准确控制反应条件和时间，以抓住实验的核心。还应充分考虑到可能发生的异常情况及应对的方法，也要考虑到外界因素（天气、地点）等的变化对实验的影响，确保实验成功。根据演示实验所要达到的目的，应使实验能产生明显颜色的变化、析出沉淀、产生气泡或液滴、可嗅到的气味等。在确保现象明显的前提下，应选择简单的实验仪器和装置。

3. 面向学生，操作规范

教师的演示操作是给学生的示范，是学生的模仿对象。因此，教师除了确保每一名学生都能清楚地观看演示的过程，还必须严格要求自己，从各个方面做学生的表率。实验操作应有序、标准规范、干净利落。例如，实验开始前把仪器、药品有序地放在实验台上，仪器和试剂瓶都应干净整洁，营造一个科学合理的工作环境。仪器安装要正确美观，实验操作要规范，关键要点应突出示范。另外，演示实验应便于学生观察，随时注意仪器的位置高低要得当。有的实验现象变化细微，可利用投影器放大。在演示实验中，教师应做实事求是的模范，以培养学生科学严谨的态度。实验现象若不明显或失败时，要查找出原因，合理解释，并尽可能再做一次演示。

4. 掌握时间，确保安全

教师在进行演示实验时一定要掌控好时间，并确保实验的安全性。这就要求教师对实验的仪器、试剂、操作等做好充分准备，要求教师事先预设实验过程中可能突发的状况和问题，解决好各种导致实验失败的因素；应周密安排实验步骤，抓住关键，控制条件，操作敏捷，使实验现象的出现恰到好处；还应充分了解所用仪器性能、药品的性质，并掌握涉及化学反应的原理，严格按照规程进行操作；充分考虑到一切不安全因素，采取预防措施。例如，加热或点燃可燃性气体时一定要先检验其纯度；制备有毒气体或产生有毒尾气的实验，一定要考虑尾气吸收装置，防止污染空气。实验中一旦发生意外事故，要沉着应对，妥善处理，进入实验室前对学生进行安全教育。

5. 启发思维，培养能力

演示实验的目的是为学生提供预定的实验现象，教师应该有针对性、有目的地引导学生进行观察思考。在这一过程中，还应循循善诱，引发学生思考，对实验现象进行合理的分析和理解。因此，教师的讲述、板书以及实验操作应密切结合，充分调动学生的多种感官协同活动，为更好地理解知识和发展技能创造良好的条件。通常情况下，实验开始时要明确目的，提出应该观察什么以及怎样观察并记录。例如，H_2 还原 CuO 的实验，要让学生注意黑色 CuO 发生了怎样的变化，试管口有什么现象。在演示过程中，可边操作边讲解，重点内容书写板书。有些实验现象可能不太清晰或应观察到的现象不太集中，教师还可用语言启发解释或补充，使学生获得强化完整的印象。实验完成后，教师要启发引导学生进行综合分析、归纳概括，得出自己的结论，建议教师不要直接说出结论，这样不利于学生能力的培养。

（二）学生实验教学基本要求

学生实验包括分组实验、随堂实验、研究性学习实验等，是中学化学实验的重要组成部分，也是训练、巩固以及拓展学生知识与技能的有效途径。

1. 分组实验

分组实验是在模块主题学习结束后，为了进一步巩固所学知识，在教师的指导下，根据教材指定的实验，学生进行的实验。通常情况下每组成员 2~4 人，协同完成实验内容。为了确保实验的安全有序、高效，分组实验应遵循以下要求：①做好实验课前准备工作。要对实验内容进行充分的预习了解，对实验方案清楚明确。教师应准备实验所需的仪器、药品，并进行预做实验，充分考虑到实验中可能的突发状况。②做好实验组织和指导。教师可以通过检查预习报告、提问等方式了解学生的预习情况。实验过程中，教师应注重对学生的指导，指导学生观察并记录实验现象，实验数据的处理及实验讨论与评价。③实验后，小组讨论交流，做出小结，要求学生对实验过程进行反思，完成实验报告。

2. 随堂实验

随堂实验是在中学化学课堂教学中，为辅助新知识的学习和理解，由学生和老师共同完成的实验，是师生共同讨论的课堂教学方式。它是演示实验的改进，其基本要求如下：①内容精选。②课前充分准备。③做好课中实验的组织和指导工作。④教师要加强巡回指导，留给学生充足的实验时间，确保大部分学生能够顺利地完成实验，并且要结合教学内容进行讨论汇报，最后得出结论。

3. 研究性学习实验

研究性学习实验是考查学生综合运用能力、科学探究能力以及培养科学素质和创新精神的重要实践活动。该类型实验由学生自主选题，教师给予一定的指导，通过自主设计实验方案、实施实验、总结实验完成的探究活动。要确保研究性学习实验的顺利进行，其应具备以下基本要求：①认真选取实验课题。课题应该贴近学生的学习、生活和社会实际，是学生身边熟悉的问题。例如，鸡蛋壳主要成分的检测、自制原电池等，选择实验课题应考虑到学生具备相应的知识基础和基本技能，具有一定的可行性。②实验前组织学生讨论实验设计方案，实验过程中鼓励学生积极讨论与交流观察到的现象，实验后组间进行汇报交流，教师对实验进行全面的评价总结，以进一步激发学生实验探究的热情。

第四节　中学化学实验的设计与创新

在中学化学教学中，化学实验设计具有极其重要的意义。一方面，其可以激发学生的化学学习兴趣。学生可以根据已有的化学知识，或独立或在教师启发下，设计出各种实验方案，并解决化学实验中的问题，进而获得成功的喜悦，激发学生学习的热情。另一方面，化学实验方案的设计需要学生灵活地、创造性地运用已有的化学知识和基本技能，因而可以培养学生解决化学实验问题的能力以及创造能力。与此同时，在进行设计时还需要学生掌握各种科学方法，具有认真严谨、一丝不苟和勇于创新的科学精神，有利于学生科学方法的训练和科学态度的养成。除此之外，化学实验设计还是培养中学化学教师实验研究能力的有效方法和途径。

一、中学化学实验的设计类型

根据化学实验内容的不同，实验设计可分为三种类型，即物质的分离与提纯实验设计、物质的制备/合成实验设计以及物质的表征实验设计。

1. 物质的分离与提纯实验设计

众所周知，天然的化学物质或人工合成的化学物质大部分是混合物，而要想得到纯净的化学物质，需进行物质的分离与提纯实验。该类实验的设计首先要清楚要分离与提纯的化学物质及其所在体系的特点，再选择具体的方法。较常用的分离与提纯方法有过滤、蒸馏、重结晶、萃取等。

2. 物质的制备/合成实验设计

通过化学方法得到自然界中的某些物质，或利用化学方法创造出自然界中没有的新物质，均离不开物质的制备/合成实验。该类实验的设计，应尽可能提供多种制备方法、寻找多种合成路线，再对实验原理、装置、操作、安全等方面进行较为综合的分析，择优选出较为理想的实验方案。

3. 物质的表征实验设计

对于通过分离与提纯得到的化学物质，还需要进行表征。即对物质的组成成分、含量、化学价态以及结构等特征进行揭示或描述。对物质的表征，需要运用化学分析方法和仪器分析方法。利用化学分析方法，可对物质的成分进行检验或鉴别。该类实验的设计应先进行外观观察，然后准备样品进行试验，再依据物质的特殊性质来确定其成分，因此该类实验也可称为性质表征实验。通过仪器分析方法可以对物质的结构进行鉴定，因此该类实验也可称为结构表征实验，需要了解典型离子或官能团在光、电、热以及磁等方面的特征，最后根据其特点和学校的实验条件，选择恰当的仪器进行实验。

二、中学化学实验设计的原则

中学化学实验设计需遵循以下几点原则。

1. 目的性原则

目的性原则指化学实验设计的整个过程中，对实验原理、药品、仪器步骤、操作步骤以及实验结果等各方面的设计，应都围绕实验的目的与要求进行。

2. 科学性原则

中学化学实验设计的核心原则就是科学性。科学性原则即指实验原理、实验操作过程以及方法应与化学理论知识和实验方法相一致。

3. 可行性原则

可行性是指设计化学实验时所运用的实验原理在实施时切实可行，所选用的化学实验仪器设备、药品和方法在中学的条件下能够得到满足，具有一定的可行性。

4. 安全性原则

安全性是指实验设计时应尽量避免选用有毒、有害试剂。避免具有一定危险性的实验操作。如必须使用，应在所设计的化学实验方案中详细说明注意事项，尽可能设计绿色环保实验，以防造成环境污染、不利人身健康。

5. 简约性原则

简约性是指要尽可能采用简单的实验装置，用最简单的实验步骤和廉价易得的实验药品，在较短的时间内来完成实验，得出结果。

6. 直观性原则

直观性原则即设计的实验现象要明显、直观。这样才能对学生感官的刺激达到一定程度和强度，才能使学生更好地感知。

三、中学化学实验设计的步骤

中学化学实验设计通常包括实验目的、实验原理、实验试剂、实验仪器装置、实验条件、实验操作和实验结果等要素的设计。各个要素相互联系、相互影响。因此，化学实验设计要遵循各要素间的影响规律，按一定的方法和步骤进行：明确实验目的、弄清实验原理、精心设计实验。

四、中学化学实验的改进与创新

化学实验是一定历史时期教学和科研的成果。伴随人类文明的发展、经验的积累，中学化学教学内容的更新以及化学课程目标的发展，对中学化学实验提出了更高的要求。特别是从培养探究能力、创新精神和实践能力方面来看，中学化学教材中的实验还需进一步改进与创新。如过多的验证性实验、安全性不够高的实验、环保性不足的开放型装置实验、成功率不高的实验以及实验现象不明显的实验等都需要改进和创新。另外，更需要改进和创新一些有利于知识的理解，密切联系日常生产和社会生活，有利于培养学生化学科学素养的新型实验。因此，改进与创新化学实验应是化学实验设计重点关注和考虑的问题。

中学化学实验设计中改进与创新除应遵循实验设计的目的性原则、可行性原则、简约性原则、安全性原则以及直观性原则外，还应遵循探究性原则。因为探究性实验的一个重要功能就是培养学生的探究能力、创新能力，培养学生树立科学严谨的研究态度和科学方法。因此，在条件允许的情况下，应尽可能将教学中的实验由验证性改进为探究性，这是实验改进与创新的探究性原则。

第五节　中学化学实验的教学评价及考查

中学化学实验教学评价是指在中学化学实验教学评价观的指导下，依据一定的化学实验教学目标，运用与之相适应的教学评价方法客观综合地对实验教学的效果作出价值判断，并获取反馈的一种过程。它是中学化学实验教学体系中重要的组成部分，具有教学诊断功能、调节功能以及激励作用。要确保中学化学实验教学的质量和顺利的实施，先进的教学评价理念、全面客观且合理的评价内容以及科学的评价方式是必不可少的。

一、中学化学实验教学评价的作用

中学化学实验教学评价的目的在于有效促进学生在知识与技能、过程与方法、情感态度与价值观等科学素养的各个方面获得全面主动的发展。在这个过程中，应强化评价的诊断与发展、激励及促进的作用，过程评价与结果评价并重；评价的标准应完整、清晰，保证评价的公正性；定性评价与定量评价有效结合，给学生提供多元化的、多样化的展示自我的机会；评价的结果既能为教师作出决策以改进实验教学，又能为学生提供有效及时的反馈信息。

二、中学化学实验教学评价方式

中学化学实验承载着学生在实验过程中学习活动的重要信息，其特点为可观测性、外显表现性，也有隐性的学习结果以及无法测量、表述的内在体验。传统对学生的评价方式主要采取实验操作和书面测验两种。此外，应鼓励使用活动表现评价、学习档案袋评价等多种过程性评价方式，关注学生的个性发展，建立促进学生科学素养综合全面发展的定性和定量评价结合的评价方式。

1. 活动表现评价

活动表现评价是在学生完成一系列实验的过程中进行的。通过观察、记录和分析学生在各项实验或实践活动中的表现，对学生的参与意识、知识理解与运用情况、实验操作技能、分析与处理问题能力以及合作精神等进行综合客观的评价。活动表现评价的对象可以是一名同学也可以是一个实验分组，评价的内容包括学生的活动过程和活动结果。活动表现评价应开放、灵活，力求在真实的活动情景和过程中对学生在科学素养等各个方面的进步与发展进行全面评价。

2. 学习档案袋评价

学习档案袋评价是促进学生发展的有效评价方式之一，档案中可收录学生参与实验活动的素材与资料，如涉及实验课的课外预习资料、实验设计方案、探究活动记录、实验现象的观察分析描述、实验过程中的感受与体验以及教师和其他同学的评价结果等。通过化学实验学习档案袋评价，不仅有助于教师和家长了解学生的化学实验学习情况，而且对学生的知识水平、认知能力及技能作出恰当的判断，进而帮助学生提高学习水平和能力等。完整的学习档案袋应该包括前言、目录、内容、日期、反思与交流等几个部分，学习档案袋的资料完整、实事求是的记录，有助于进行综合客观的评价。

三、中学化学实验教学评价内容

中学化学课程标准中明确指出了促进学生科学素养全面发展的目标。因此，通过化学实验教学促进学生科学素养发展的重中之重主要围绕三维目标展开，包括对中学化学实验知识与技能掌握情况的评价；对化学实验探究能力与观察能力的发展情况的评价；以及对化学实验态度、情感与价值观形成情况的评价。

中学化学实验教学评价是对化学实验的设计、实验过程、实验操作流程、实验结果、实验报告、实验过程中的合作交流及实验态度的整体性评价。从药品的量取、仪器的操作、观察记录、实验探究能力、观察分析、结果处理、考勤记录、合作交流等细化的指标，对学生进行综合评价。通过观察和分析学生在实验过程中的表现，可以了解学生参与实验的积极性，实验技能的掌握情况以及实验习惯和科学态度等。

中学化学实验考核是实验教学评价的重要手段。全面的化学实验考核具体来说，应该包括以下方面。

（1）知识基础、预习情况：对实验原理、药品及仪器装置、操作流程及其他实验相关知识的掌握情况。

（2）实验准备情况：实验方案的设计和科学性、可行性分析，实验仪器与试剂的准备情况，对实验方案的理解情况等。

（3）实验过程情况：对实验试剂的取用、实验仪器的操作、实验现象的观察分析，发现、分析问题和解决问题的能力。

（4）实验结果处理情况：对实验结果真实反映，分析、归纳整理与解释讨论的情况。

（5）实验态度及科学习惯养成的情况：实验过程中参与的积极性、投入程度、认真严谨、探索精神、团队合作和良好科学习惯等。

四、中学化学实验教学评价步骤

中学化学实验教学评价应该贯穿于实验准备和实验教学的整个过程，具体包括以下几个方面。

（1）制定评价目标。评价目标和教学目标应该相匹配，并且还需要考虑实验过程中的生成性目标，应该根据实际情况，分层次、多元化地制定。

（2）确定评价内容。根据具体的实验内容和实验类型来确定实验的评价内容，应该追求知识与技能、过程与方法、情感态度与价值观目标的有效达成。

（3）选择评价方式。根据实验类型和开展实验的形式选择评价方式，口头、书面、实验操作相互整合。

（4）编制评价标准。根据评价目标，编制评价标准，制成表格应用到实验教学过程中。例如：表 1-3 列举了学生实验课教学评价指标，常规项目共 35 分，其六个评价项目和评价标准不变，通过多次学生实验的评价统计，分析学生的实验技能、实验习惯和实验能力的发展，可供中学化学教师和化学专业师范生参考。

表 1-3　学生实验课教学评价指标（常规项目）

评价项目	评价标准	得分
实验预习情况（10 分）	1. 通过预习，明确实验目的、重点内容，以及了解新接触的仪器的使用方法	1 分
	2. 写出简明、合理的实验预习报告	5 分
	3. 实验操作有序，同组两人配合较好	2 分
	4. 实验中能根据预习报告较熟练地进行操作，无边看课本边做实验的现象	2 分
课堂纪律状况（5 分）	1. 无迟到或未经老师许可而离开实验室的现象	1 分
	2. 无大声喧哗、嘘笑或与人讲与实验无关的话的现象	1 分
	3. 无大声商讨实验而影响课堂秩序的现象	1 分
	4. 无随意在室内走动的现象	1 分
	5. 无实验前动用药品或实验中动用他组仪器、药品的现象	1 分
实验观察与思维习惯（5 分）	1. 认真地观察实验现象（同组两人均观察到）	1 分
	2. 能对实验现象进行准确判断，对出现的异常现象能进行分析、解释或及时请教老师	1 分
	3. 能及时记录实验现象和相关数据	1 分
	4. 能根据实验分析，归纳物质的性质	1 分
	5. 探求规律或对新接触的仪器归纳其使用要点	1 分
节约药品（5 分）	1. 按规定用量，无取量偏少而造成重做的现象	1 分
	2. 无污染药品的现象（如将取多的药品倒回试剂瓶或错插滴管等）	1 分
	3. 无浪费药品的现象（如取量过多或同一内容进行几次实验等）	1 分
	4. 无同组两人各做各的现象	1 分
	5. 应该回收的药品无乱扔、乱倒的现象	1 分
保护实验仪器（5 分）	1. 没有损坏实验仪器	1 分
	2. 所用仪器能及时清洗干净，且方法正确	1 分
	3. 洗净后的仪器正确放置在规定的位置上	1 分
	4. 若滴管的橡皮头损坏，能自行更换，以及能自行给酒精灯添加酒精等	1 分
	5. 不影响其他组同学做实验，损坏仪器及时登记、赔偿，并进行更换	1 分
良好的实验习惯（5 分）	1. 实验时取药品后及时将试剂瓶放回原处，保持试剂瓶摆放整齐	1 分
	2. 实验过程中保持桌面、地面、水槽清洁，火柴梗、废纸不乱扔	1 分
	3. 实验中不将水或药液滴在课本、实验报告或评价表上	1 分
	4. 实验结束认真进行自评，填好后交给指导教师	1 分
	5. 实验后洗净双手，将凳子放在桌子下面，经老师许可后离开实验室	1 分

（5）实施评价。在实验过程中，根据实验不同阶段的内容记录学生的表现，教师和学

生分别进行评定。及时反映学生在实验中的表现及实验结果，对学生进行全面的、多层次的考核。

（6）解释实验评价结果。教师根据学生在实验过程中的综合表现作出总评，给出恰当的分数或评语。对学生的优秀方面给予肯定，同时指出实验过程中存在的不足和问题，需要反思和进一步完善的部分。

第二章　中学化学实验室的建设与管理

第一节　实验室在中学化学教学中的地位与作用

中学化学实验室是保证化学实验教学活动顺利开展的必备条件，是教师培养学生进行化学实验教学研究和科学研究的重要场所，是学生进行化学科学知识的学习，开展课外科技活动，培养学生学习自然科学的兴趣和实验技能的重要基地，是搞好中学化学教学、提高中学化学教学质量的基本条件之一。随着新课程标准的实施，加强化学实验室的建设和管理，充分发挥实验室在化学教学中的作用，是提高化学教学质量和人才素质的重要环节。

一、实验室建设是保证完成实验教学计划的必备条件

当前我国中学化学课程改革借鉴了国际化学改革的经验，结合我国国情，构建了以培养和提高学生科学素养为宗旨的化学课程新理念。在 2022 年颁布的《义务教育化学课程标准》和 2020 年修订的 2017 版《普通高中化学课程标准》指出：充分认识化学实验室和化学学科专用教室建设的意义和作用。应按照相关要求配齐实验员，注重提高实验员素质；制订完善的实验室工作制度和安全准则，建立科学的实验室运行机制；配置必需的化学实验设备、仪器、药品和基础设施，保证所有化学实验和实验探究活动安全、顺利进行。在课标中也指出化学实验占据了重要地位，与实验有关的内容都占有较高的比例，熟悉化学实验室安全警示标志，学会正确使用安全防护设施，学习妥善应对实验安全问题的必要措施；学会试剂的取用、简单仪器的使用及连接、加热等实验基本操作；初步学会在教师指导下根据实验需要选择实验试剂和仪器，并能安全操作；初步学会物质检验、分离、提纯和溶液配制等化学实验基础知识和基本技能；探究反应规律，进行物质分离、检验和制备等不同类型化学实验及探究活动的核心思路与基本方法；体会实验条件控制对完成科学实验及探究活动的作用。实验知识和实验教学贯穿在化学教学的整个过程中。

提倡有条件的地方和学校建设数字化实验室、综合实践活动室和化学专用教室等，更好地支持开展定量的科学探究和综合实践活动，将化学专用教室作为日常教学、学科教研、成果展示的重要场所。建议教师利用数字化实验装备改进传统实验，让学生借助可视化的数据认识化学问题的本质，培养学生多视角收集证据解决化学问题的能力。

二、化学实验室是培养学生科学研究能力的重要场所

认识实验是科学探究的重要形式和学习化学的重要途径，能进行安全、规范的实验基本操作，独立或与同学合作完成简单的化学实验任务；能主动提出有探究价值的问题，从问题和假设出发确定探究目标，设计和实施探究方案，获取证据并分析得到结论，能用科学语言和信息技术手段合理表述探究的过程和结果，并与同学交流；能从化学视角对常见的生活现象、简单的跨学科问题进行探讨，能运用简单的技术与工程的方法初步解决与化学有关的实际问题，完成社会实践活动。实验室的功能和作用不再仅仅是完成教科书中所要求的实验，而且需要对学生开放实验室，满足学生自己设计，自己动手完成实验达到科学研究的目的。所以实验室不但要在时间、空间上保证完成新教材所要求的教学任务，而且需要进一步拓展实验室功能，让实验室真正成为学生开展科学探究的场所。可见，化学实验室是培养学生能力，对学生进行化学知识教育、辩证唯物主义教育、科学方法论教育的重要场所，是提高学生整体素质的重要教学场所。

三、化学实验室是教师进行实验研究的重要基地

化学实验教学包括科学知识、实验技能技术和教学方法三个基本方面，并以实验教学的形式反映出来。因此，对于中学化学实验教学中种种问题的研究及探讨，必然归结到对化学学科的理论、思想、方法、应用、实验技术以及教学论等方面的研究。教师要开展实验教学研究，改进实验教学方法，提高化学教学质量，离开了化学实验室这一重要基地是难以进行的。

四、搞好实验室建设是全面提高化学教学质量的重要基础

实验教学是引导学生热爱科学的有效途径之一。中学生对实验最感兴趣，这种兴趣，往往成为他们学习的直接动力，成为爱好和志趣，从而发展为惊人的创造和百折不挠的毅力。化学实验是化学教学中的一种特殊形式的学习实践活动，通过这种学习实践活动对学生的能力特别是观察能力、思维能力和创造能力的培养起着重要的作用。观察、思维、创造三者始终是联系在一起的，彼此是相互影响相互制约的，观察是思维的前提，善于观察就能抓住事物变化的本质现象，进行分析才能作出正确的判断。在实验时要培养学生对实验装置、实验操作、试剂的物理性质、反应现象的观察，使他们把自己观察到的现象与学过的知识和已有的经验联系起来，通过逻辑思维和科学抽象的推理，达到感性与理性认识的统一。因此，搞好实验室建设，是全面提高化学教学质量的重要基础。

第二节　中学化学实验室建设的基本要求

化学实验室是教师和学生通过化学实验进行化学科学知识的学习和进行科学研究的场

所，是保证化学实验教学活动顺利开展的必备条件，是提高化学教学质量和人才素质的重要环节。《义务教育化学课程标准（2022 版)》和《普通高中化学课程标准（2020 年修订的 2017 版)》均指出：要重视化学学科专用教室建设和投入，实验室建设的标准化和管理人员的配备与培训应跟上，有条件的地方和学校应逐步引进一些现代化仪器设备，并向学生或学生课外兴趣小组开放，在教师或实验员指导下开展实验探究活动。因此，化学教师要十分关心和重视实验室的建设和管理。

首先，化学实验室建设，要根据学科实验需求及《中小学理科实验室装备规范》，一般规划建设有化学实验室、实验准备室、仪器室、试剂库、危险品室等专用教室。其次，化学实验室的面积较常规教室要大，因为学生实验操作需要一定的空间。还要留有安全通道，可以依据学生数量和规范要求进行设计。再次，化学实验室实验台需要安装上下水、交直流电以及桌面排风等相关设施，还需要配备洗眼器、急救箱、灭火器、灭火毯等安保急救措施。最后，实验室内的电路控制应将照明电与实验用电分开设置，同时学生实验台面用电及桌面排风系统用电应配备独立的控制系统，以确保学生用电安全。

一、化学实验室设计的总体要求

设计和建设化学实验室的总体要求是：既要规范化、现代化，做到布局合理、设计科学，具有较好的实用性和通用性，又要注意因地制宜，着眼于实用和可能，具体有以下四个方面。

（1）化学实验室宜选择空气流畅、常年供水充足的地方，注意环境绿化并尽可能远离生活区、教学区、行政区和运动场，以免相互干扰。

（2）化学实验室应尽量安排在实验楼的底层，这样有利于安装供水、供气、排污等管道，有利于气体的扩散，万一出现意外事故，也有利于学生的疏散。由于中学建设实验楼一般没有设计专用的设备管道层，若在上层安置较多的供排水到位的实验室，上下水道就会布满下层房间顶棚空间。一则影响美观，二则造成实验室净高不符合标准要求（3.4m）的问题，特别是化学实验室，若设有排风到实验台的排气装置，电路及上下水道、风管互相交叉，难以安排。

（3）为了取得最佳工作条件和避免阳光直射，化学实验室的窗户不宜为西向或西南向布置，否则应配置遮阳设施，如房外植树、安装茶色玻璃或遮阳伞等。

（4）化学实验室的设计和建设应有超前意识，应考虑发展需要。那些因经济条件所限实验室建设不能一步到位的，设计时一定要使化学实验室具有易扩充性，以便条件成熟时进行扩充、改建。

二、中学化学实验室的基本构成

中学化学实验室包括：实验教室、实验准备室、仪器室、药品室、管理员办公室等（表 2-1）。规模较大的学校应单独设置精密仪器（如天平）室。它们在完成中学化学教学任务中，分担着不同的具体任务，对于它们的建设和管理的要求也不相同。

表 2-1 各室功能表

各室名称	各室功能	各室配备	备注
实验教室	完成实验演示、开放学生实验和探究实验的场地	上下水管、排风装置、音视频设备、网络端口等	按需求设置实验台位置
实验准备室	准备实验	水、电、通风、试剂药品柜、烘箱、网络端口等	与实验室相邻或隔间
仪器室	存放仪器、设备	通风、防火、防腐、散热	与实验室相邻
药品室	存放试剂药品	通风、防火、防腐、防盗	宜朝北
管理员办公室	办公及仪器设备维修	办公设备、电脑、网络端口及常见修理工具	—

1. 实验教室

实验教室是供学生进行分组实验、实验探究和教师讲解实验的重要场所。在条件允许的情况下，应力求实验教室的建设符合现代化、科技化的要求，如图 2-1 所示。实验台上有放药品的试剂架，并安上旋臂式吸风罩。实验教室两边各安装两个通风橱，既可做有毒气体的实验，又起到室内通风作用。实验教室的具体要求如下。

图 2-1 化学实验教室

（1）实验教室要比较宽敞。实验教室的面积以 $80\sim90m^2$ 为宜，教室为长方形，长与宽之比可为 3∶2，以保证全部学生能够看清楚黑板和观察到教师活动。实验教室一般容纳学生人数不超过 50 人。配备讲台、实验演示台（一侧装有水槽并安装交、直流电源等）、黑板及现代化教学设备。演示台与黑板间应有 $0.7\sim1m$ 的距离，以便教师活动。可以预留投影设备，屏幕可安放在黑板上方或右侧的空墙上，以备使用。

（2）实验教室学生实验台要能放下比较复杂的实验仪器和装置，并便于两名学生进行实验活动。学生实验台之间要有足够的距离，以保证学生实验能安全、顺利地进行。

（3）实验教室要有完备的供水和排水系统。学生实验可两组共用一个水池，每个水池至少有两个水龙头；每个学生实验台都应配有上水管与下水道，使学生在不离开自己实验台的情况下，就能及时清洗仪器，这既方便、节省时间，又能保证实验秩序。

（4）实验教室要有交、直流配电系统，教师演示台和学生实验台都要配有交、直流电源插座。交流 220V 电源，供照明、排风和实验使用；直流电源一般在 0~24V 范围内即可，主要供学生分组实验使用。

（5）实验教室要保证空气流通。除门窗位置和大小合适外，还要有必要的通风设备（如通风橱、排气扇等），能在较短的时间内把实验中产生的有刺激性气味或有毒的气体排出室外。

（6）还需设置一个事故急救冲洗水嘴（洗眼器）或喷淋设施，配急救箱，急救箱中的药品应注意及时更换；在取用方便处备有充足的消防设备，如灭火器、沙箱等。

2. 实验准备室

实验准备室是实验工作人员和教师准备实验的场所。因此室内必须设有实验员办公桌、准备实验台、试剂柜和玻璃器皿架等，配有相应的电源、水源、通风设备以及必要的仪器和试剂。实验准备室一般和仪器药品室或实验教室相通，便于仪器药品的更换和取用。

实验准备室内应设有实验工作中常使用的一些仪器设备和器具，如烘箱、离心机、钻孔器、玻璃工灯具、电工器具，以及各种常用工具、仪表等。

实验准备室是教师预做实验、配置实验药品和化学实验研究的场所。因此，实验准备室中应有教师的实验桌。还应配置实验台、水槽、通风橱等，在方便地点预备充足的消防设备，如灭火器、沙箱等。实验准备室的数量根据平行班级和实验教室的数量来确定，一般学校有一个准备室即可，规模较大的学校，一般每两个实验教室配有一个准备室。准备室的面积以 50~60m^2 为宜。

3. 仪器室

仪器室为贮放待用的仪器、材料的专用房间。化学实验仪器中属于玻璃器皿的可以和一般药品放在同一室内。其他仪器如天平、电学仪器以及铁制品等应和化学药品分开存放。仪器室内应放有仪器橱和器皿架。室内应保持通风、干燥、避光，使用面积应满足仪器存放要求并有余地，宜与相应实验室毗邻。

4. 药品室

药品室根据条件最好分为两间，一间存放一般试剂，另一间存放危险试剂。使用符合标准的试剂柜、生物安全柜，所有物品贴具显眼标签，实施严格的化学品管理制度，分类储存，双人双锁保管。药品室的使用面积可根据学校的条件确定，一般每室的使用面积为 30~50m^2。室内保持通风干燥，要在取用方便处备有消防设施，如灭火器和沙箱等。有条件的学校化学药品室（柜）内应安装自动（强制）通风、排气系统，采用机械柜顶抽排气方式，安装排气管道。规模较大的学校可建立药品地库，地库应建在安全、干燥、距化学实验室较近的地方。

第三节　中学化学实验室规章制度与安全措施

具备一个设备完善的化学实验室后，还必须有一套科学的管理方法和必要的规章制度，才能高效率、高质量、确保安全地开展实验教学活动，否则会因管理不善、制度不严而出现混乱局面，既无法保证实验教学的正常进行，也易造成安全事故和财产的浪费、损失。所以，对实验室进行科学管理是教师尤其是实验员的一项重要工作。

一、实验教师的实验室安全规则

（1）实验教师必须树立“安全第一，预防为主”的思想，本着“谁主管、谁负责”的原则，做到安全工作，人人有责，严格遵守学校颁布的各项安全规章制度，确保师生人身安全和公共财产安全。

（2）实验室要配齐安全用品，要加强在实验过程中的安全教育，使参与实验的师生，人人都能提高警惕。准备实验时要准备防护及保险措施，实验装置要牢固，放稳妥；实验时要严格遵守操作规程，在化学实验中严禁学生随意混合化学试剂，以免发生意外，并仔细审查不安全因素，消除隐患。实验教师要学习和掌握实验室伤害救护常识，做好急救工作。

（3）确保用电安全是实验室安全管理的重要任务之一，实验室要设总配电盘。装设漏电保护器，离开实验室时要将总电源断开。任课教师要严格控制学生实验用电，尽量使用36V以下的安全电压。实验室供电线路的布设、电线截面积和保险丝的选用，要符合安全供电标准，供电线要定期检修和更换。安装电器设备要做到电流、电压与用电器的标称值匹配。一般情况下，电器都应接地，并经常检查接地是否良好。电线或电器盒盖破损要及时修复。

（4）管好用好化学危险品。实验室中接触到的化学危险品有七大类（氧化剂、自燃品、遇水燃烧品、易燃液体、易燃固体、毒害品、腐蚀品），要严格管理，谨慎使用。化学危险品在入库前要验收登记，入库后要定期检查。严格管理，做到“五双管理”，即双人管理、双人收发、双人领料、双人记账、双重把锁。做可能发生危险的实验时，要准备好防护用品。危险品的使用要严格遵守操作规程，限量发放，取用量要逐一登记，用后有剩余要回收，回收数量要入账。如发现危险品特别是剧毒品被盗，要立即报告主管部门，并通知当地公安部门查处。实验室要做好通风排气工作。做产生有强刺激或有毒气烟雾的实验必须在通风橱内进行。使用水银做实验，要防止水银蒸气中毒，不准用汽油代替酒精或煤油作燃料。酒精、汽油等易燃液体大量洒落地面时，要立即打开窗户或排风扇通风，禁止在实验室内存放食品或吸烟。

（5）定期检查实验室消防设施。实验室的消防设施，如沙箱、沙袋、灭火器、消防水管、水桶等都要定点布设，做到使用方便。开学时要全面检查所有消防设施，发现问题，及时处理。泡沫灭火器的药液要定期（一般一年一次）更换，以免失效。

（6）实验室要加固门窗，管好钥匙，安装防盗设施、做好防盗工作。

（7）实验室一旦发生触电、中毒、爆炸、着火、失窃等安全事故，要迅速果断处理，并立即报告主管部门。事后要查明原因，总结经验，制定防控措施，并把事故发生原因及损失情况报告主管部门。

二、学生的实验室安全规则

（1）进入实验室，须遵守实验室纪律和制度，听从教师指导与安排；要熟悉周围环境，熟悉水、电、气的阀门，急救箱和消防用品的放置地点及使用方法。实验完成后应洗手离开。

（2）严禁在实验室内饮食或把食具带入实验室内，不能用手直接接触药品，更不得尝任何药品的味道；不要俯向容器去嗅气体气味，若有需要，应面部远离容器用手把逸出容器的气流慢慢地扇向自己鼻孔；对于有毒、有害气体（如 H_2S、HF、Cl_2、CO、NO_2、Br_2 等）的实验，必须在通风橱内进行；实验完毕，必须清洗双手。

（3）使用电器时，严禁用湿手触摸开关，不能用湿布去擦拭电器或电源开关。用电完毕，应及时关闭电源开关。

（4）要注意防火。点火后的火柴梗不能乱丢，要放到指定容器中。使用酒精灯时，若不慎打翻，洒出的酒精在桌上燃着，应立即用湿布扑盖熄灭。使用易燃试剂时要远离火源。

（5）使用药品时，要求明确其性质和使用方法，根据实验要求规范使用。禁止使用不明确药品或随意混合药品。

（6）洗涤后的试管等容器应放在规定的地方（如试管架上）干燥，严禁用手甩干，以防未洗干净容器中的酸、碱等液体伤害别人或损坏衣物。

（7）不得私自带药品进入实验室，也不能将实验室的药品带出，实验室公用物品（包括器材、药品等）用完后，应放归原位；实验废液、废物应按要求放入指定的收集容器中。

（8）实验完毕检查实验室水电气，关好水龙头，关好气体阀门，关闭总电源。

三、化学伤害事故的处理方法

在实验过程中不慎发生受伤事故，不要惊慌，应采取适当的急救措施。

（1）酸液沾到皮肤上，立即用大量的清水冲洗（若是浓硫酸，必须先用抹布拭去，再用清水冲洗），最后用3%~5%的碳酸氢钠溶液冲洗。

（2）碱液沾到皮肤上，立即用大量的清水冲洗，最后涂上硼酸溶液或1%的醋酸溶液。

（3）酸或碱液溅到眼内，立即用大量的清水冲洗（不能用手揉），边洗边眨眼，再用0.5%的碳酸氢钠或2%的稀硼酸溶液冲洗后继续用清水冲洗，处理后应立即送医。

（4）苯酚沾到皮肤上，立即用酒精清洗，再用清水冲洗。苯胺或硝基苯沾到皮肤上，应立即用肥皂水多次清洗，之后再用大量的清水冲洗。

（5）吸入有毒气体时，应立即离开有毒环境，呼吸新鲜空气，并根据不同情况采取相应措施。若吸入的是氯气、氯化氢气体时，可吸入少量的酒精与乙醚的混合蒸气解毒；吸入甲醇蒸气可口服适量的2%碳酸氢钠溶液解毒。

（6）若受烫伤，立即脱离致热源，用流动的冷水冲洗伤面，降低伤面温度。要小心去除衣物，必要时用剪刀剪开衣物，并保留粘住皮肤的部分，尽量避免将水泡弄破。对疼痛明显者可持续浸泡在冷水中10~30min，用干净或无菌的纱布覆盖于伤口并加以固定，立即送医就诊。

（7）被玻璃割伤，用消毒棉签或纱布把伤口清理干净，小心取出伤口中的玻璃或固体物，然后将红药水涂在伤口的创面上，若伤口较脏，可用3%双氧水擦洗或用碘酒涂在伤口周围。但是，注意不能将红药水和碘酒同时使用。伤口消毒后再用消炎粉敷上，并加以包扎。若伤口比较严重，出血较多时，可在伤口上部扎上止血带，用消毒纱布盖住伤口，立即送医院治疗。

四、消防常识

（1）火较小时，用湿布、石棉布等覆盖燃烧物即可灭火；火势大时，可用灭火器灭火。活泼金属如钠、钾、镁、铝以及白磷等着火时，宜用干沙覆盖灭火，不宜用水、泡沫灭火器以及四氯化碳灭火。比水密度小的有机物（如苯、石油等烃类；醇、醚、酯类等）不能用水灭火，否则会扩大燃烧面积。比水密度大的且不溶于水的有机溶剂（如二硫化碳等）可用水灭火，也可用泡沫灭火器和二氧化碳灭火器灭火（表2-2）。

表2-2　常用灭火器

类型	药液成分	适用范围
酸碱灭火器	H_2SO_4 和 $NaHCO_3$	木、竹、织物、纸张等
泡沫灭火器	$Al_2(SO_4)_3$ 和 $NaHCO_3$	油类
二氧化碳灭火器	液态二氧化碳	电器、小范围油类、忌水的化学品
四氯化碳灭火器	液态四氯化碳	电器、汽油、丙酮不能用于钾、钠（分解、爆炸）；不能用于电石、二硫化碳（产生光气一类毒气）
干粉灭火器	$NaHCO_3$ 等，适量润滑剂，防潮剂	油类、可燃气体、精密仪器、图书文件等
1211灭火器	CF_2ClBr 液化气	油类、有机溶剂、精密仪器、高压电器

（2）反应器内物质的燃烧：敞口器皿可用石棉布盖灭；蒸馏加热时，如因冷凝效果不好，易燃蒸气在冷凝器顶端燃烧，绝对不可用塞子或其他物质堵住管口，以防爆炸，应先停止加热，再行扑灭。

（3）电器设备起火，先切断电源，再用二氧化碳、四氯化碳、干粉或1211等灭火器灭火，不要使用泡沫灭火器，以免触电。

（4）实验人员身上衣服着火，不要惊慌乱跑，应赶快将衣物脱下，用石棉布覆盖或在地上卧倒打滚也可起到灭火的作用。

（5）火灾发生时，应及时拨打“119”火警电话。

五、实验室的“三废”处理

实验中经常会产生一些有毒的气体、液体和固体，称为实验室的“三废”。如果不经过处理直接排出就会污染环境，损害人体健康，因此对实验中的“三废”要经过一定的处理之后，才能排出。

1. 废气处理

实验装置中要增加有毒气体的吸收或处理装置。如 Cl_2、H_2S、SO_2、NO_2 等，气体可用导管通入废碱液吸收备用；HCl、NH_3 等气体可用导管通入水吸收后备用；CO、CH_4、C_2H_4、C_2H_2 等燃烧后放空，C_2H_4、C_2H_2 等还可经 $KMnO_4$ 氧化后排放；O_2、CO_2 等直接放空。对于实验中无法消除的有毒气体，应在通风橱内进行实验。

2. 废液处理

多数实验室采取冲稀直接泄入下水道的办法，必定造成环境污染。实验室的废液不能直接冲入下水道，应倒入指定的废液缸内。若是不含重金属离子的酸碱废液，则可在中和后直接排放。若是单含某一溶质的水溶液要回收，如 Na 和 Na_2O_2 分别与水反应后的溶液、Fe^{3+} 或 Fe^{2+} 和离子转化反应后的溶液等。含多种溶质的水溶液，若含难溶性固体或不相溶有机物，先进行分离，然后对水溶液进行分类处理。对于含有重金属离子或汞盐的废液，可加碱调 pH 为 8~10 后，再加硫化钠处理，使其毒害成分转变成难溶于水的氢氧化物或硫化物沉淀而分离，生成的残渣交有关部门处理。含有机物的废液，若为单一的有机物应予回收，如溴苯、硝基苯、乙酸乙酯。若是以有机物为溶剂的，如碘的四氯化碳溶液，可用适量碱液洗涤后回收。若是有机物的水溶液，有机物没有毒害作用的，如苯酚溶液，则应加漂白粉氧化处理后排放（表 2-3）。

表 2-3　常见废液的处理方法

废液	处理方法	注意事项
酸或碱	中和法	分别收集。混合无危险时，可将废酸、废碱混合
氧化剂、还原剂	氧化还原法	了解废液性质后，可将其中一种废液分次少量加入另一种废液中
含重金属离子的废液	氢氧化物沉淀法、硫化物共沉淀法	用过滤或倾析法将沉淀分离收集
含 Ba 溶液	沉淀法	加入 Na_2SO_4 溶液，过滤，收集沉淀
有机物	焚烧法、有机溶剂萃取回收法	用溶剂萃取、分液，回收利用

3. 废渣处理

干态反应的残渣，成分单一的要回收，如碳酸氢钠、胆矾热分解产物等。含两种或两种以上成分的，视具体情况处理。如二氧化锰催化氯酸钾分解后的残渣，与浓硫酸共热能制取氯气，应该回收。湿态反应生成的沉淀，能利用的要尽可能回收，如银镜反应生成的银可留作硝酸性质实验时用，氢氧化镁、氢氧化铝、氢氧化铜可转化为相应的盐溶液。难以处理的无毒废渣可在指定地点集中深埋，有毒废渣应交有关部门处理。

第三章　中学化学实验基础操作训练

化学实验对于巩固化学知识，加深理解概念，培养观察能力、思维能力，提高运用基础知识和基本方法分析问题、解决问题的能力都具有十分重要的作用。因此，如何加强中学化学实验教学，培养学生化学实验能力仍是化学教学面临的十分重要的课题。

中学化学实验基础是指贯穿于所有化学实验中的基本实验操作技能，在中学化学教学中培养学生的化学实验基本操作技能是化学教师必须完成的教学任务之一。2022 年教育部编制的全日制义务教育化学课程标准中明确指出："化学实验是进行科学探究的重要方式，具备基本的化学实验技能是学习化学和进行探究活动的基础和保证"。《普通高中化学课程标准（2017 年版 2020 年修订）》中也指出："认识化学实验是研究和学习物质及其变化的基本方法，是科学探究的一种重要途径。"

获得有关化学实验的基础知识和基本技能，学习实验研究的方法，遵守化学实验室规则，熟悉化学实验室安全警示标志，学会正确使用安全防护设施，学习妥善应对实验安全问题的必要措施，初步形成良好的实验工作习惯。中学化学基本操作实验是指学生在从事化学实验活动中必须具备的基本技能与操作。基本技能包括试管、烧杯、烧瓶、容量瓶、集气瓶、锥形瓶、量筒、漏斗、移液管、滴定管、酒精灯、温度计、蒸发皿、研钵、坩埚、台秤、天平、pH 计等仪器设备的使用；基本操作包括样品取样、称量、加热、冷却、溶解、结晶、搅拌、倾液、过滤、蒸发、稀释、滴定、升华、装置的安装、拆卸、洗涤、溶液的配制、量液等。

化学基本操作与技能的培养过程由示范、模仿、训练三个环节组成。示范，即教师的示范演示；示范时教师要做到把握要领、分解演示，要领清楚，演示规范。模仿，即学生的模仿；模仿时教师要做到仔细观察、及时纠错；学生要做到把握要领、模仿规范。训练，即学生的反复练习，通过多次练习就可形成娴熟的基本操作技能。这些基本的化学实验操作技能的训练大部分是融合在各章节具体的化学实验教学中，通过进行具有丰富内容的化学实验教学来实现的。例如，通过氧气的制取和性质实验，学生不仅能掌握在实验室里制取氧气的方法、认识氧气的性质等，同时也训练了药品的取用、称量、加热、气体的制取和收集等化学实验基本操作技能。

为了使学生形成熟练的化学实验基本操作技能，为今后顺利地进行化学实验探究和其他科学实践活动奠定基础，一方面，教师要重视化学实验教学，加强学生的化学实验基本操作训练；另一方面，教师首先要具备坚实的化学实验基本操作知识和熟练的化学实验基本操作技能，通过自身的实践活动，讨论中学化学实验基本操作知识和技能的教与学。

第一节　常用仪器的规范操作训练

一、试管的使用

试管是化学实验室常用的仪器，用于少量试剂的反应容器，在常温或加热时使用。试管分普通试管、具支试管、离心试管等多种。试管的主要用途有：①盛取液体或固体试剂；②加热少量固体或液体；③制取少量气体反应器；④收集少量气体；⑤溶解少量气体、液体或固体的溶质；⑥离心时作为盛装的容器；⑦用作少量试剂的反应容器，在常温或加热时使用。

下面以普通试管为例介绍试管的使用方法：

（1）向试管倾倒液体，反应液体不超过容积的 1/2，加热时则不超过容积的 1/3，倾倒时试剂瓶的瓶塞要倒放，标签要对着手心，避免倒完试剂后残留在瓶口的药液流下来腐蚀标签，如图 3-1 所示。

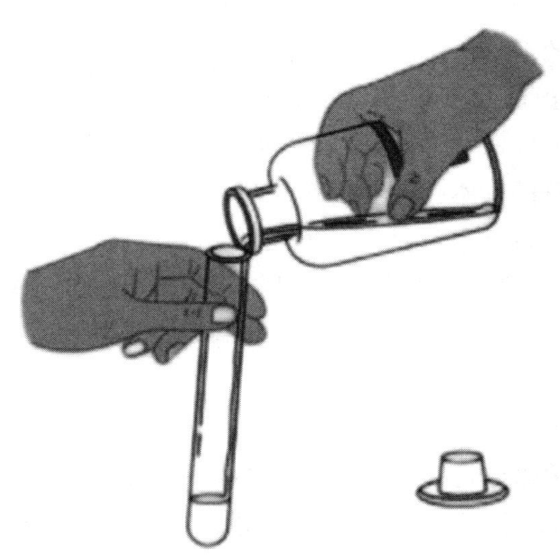

图 3-1　液体的倾倒

（2）向试管中滴加液体时，滴管应在试管的正上方（一般为 2cm 左右），且滴管的尖嘴部分不可深入试管内，不碰到试管管壁，以免污染试剂，如图 3-2 所示。

（3）向试管中装入少量粉末试剂时要坚持“一斜、二送、三直立”的原则，即使试管倾斜应先把试管横放，借助纸槽或药匙的末端凹口，将粉末试剂送到试管底部，然后直立试管，并用手指轻弹药匙或纸槽，让试剂全部落到管底，如图 3-3 所示。

（4）装入块状固体或金属颗粒时坚持“一横、二放、三慢竖”的原则，即先把试管横放，应用镊子夹取，把药品或金属颗粒放入试管口，再把试管慢慢地竖立起来，使药品或金属颗粒缓缓地滑到试管的底部，绝不能将颗粒从试管口垂直投入，以免打破试管底（图 3-4）。

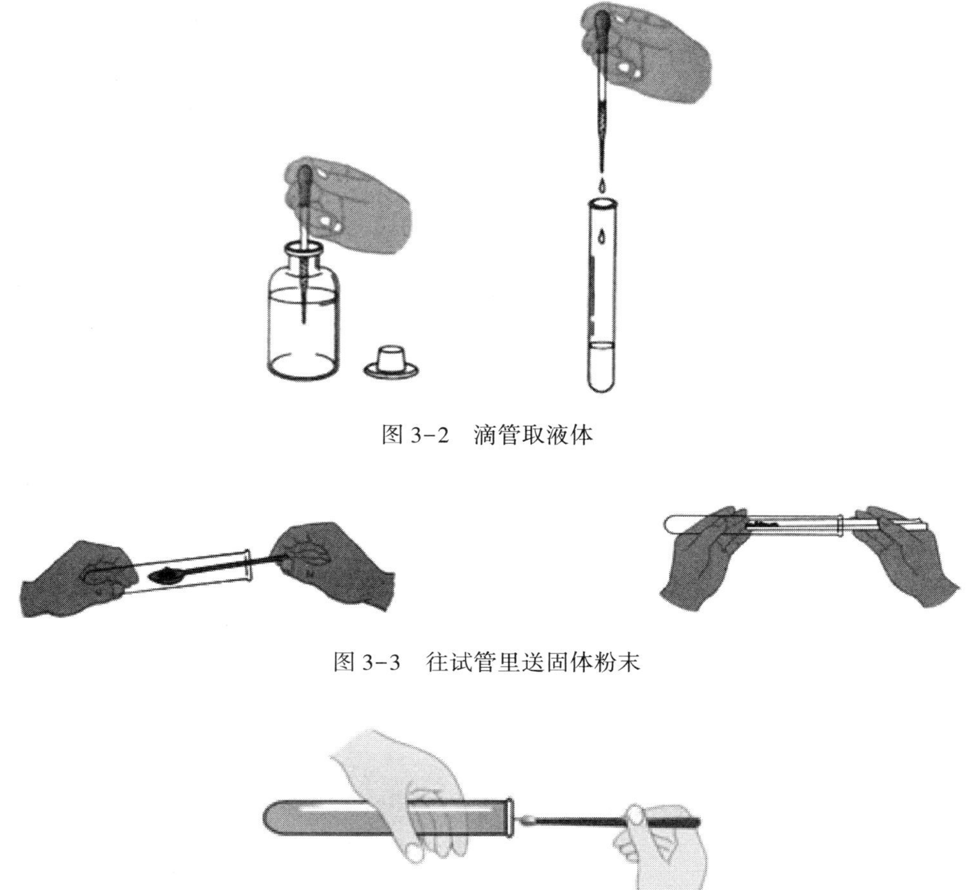

图 3-2　滴管取液体

图 3-3　往试管里送固体粉末

图 3-4　往试管里送块状固体或金属颗粒

（5）振荡试管，试管中的液体体积不超过试管容积的 1/3，可振荡试管以加速溶解或促进反应的进行。用右手的拇指、中指、食指握持试管的上端，无名指和小指拳向掌心，用适当大小的腕力向外甩动，并骤然停止，重复几次。振荡时，不能用拇指堵住管口上下振荡，若需强烈振荡时，可用塞子将管口塞住再上下振荡。

（6）夹持试管，夹在试管的中上部，离管口 1/3 处，不能把拇指按在夹的活动部分，要从试管底部套上和取下试管夹，以防止夹上的污物落入试管中。

（7）加热液体，加热前试管外壁要擦干，加热时要用试管夹，用右手拇指、中指、食指握持试管夹的长柄，不应同时握持短柄，以防用力过大时试管松脱；加热液体时管口不要对人，并将试管倾斜与桌面成 45°，这样可以有较大的受热面积，减少暴沸现象，蒸发面积也较大；加热时，应先使试管均匀受热，然后不停地缓慢摇动试管，在酒精灯的外焰部分加热液体的中上部，再集中加热液体的下部，不要使试管的底部与灯芯接触，以防试管底部因突然冷却而炸裂，同时不断振荡，火焰上端不能超过管中液面。

（8）加热固体，试管应用铁夹固定在铁架台上，夹住近试管口 1/3 处，并使管口略向下倾斜，以免由结晶水或生成的水蒸气冷凝后回流到试管受热部位而引起炸裂，加热时，应先往复移动酒精灯，使试管各部位均匀受热，然后使火焰集中在放固体的部位加热。

二、托盘天平的使用

使用托盘天平时，应把天平稳放在桌上，检查指针是否正指标尺的零点，否则应根据“杠杆原理”适当调整调零螺丝。称量易潮解或腐蚀性的固体试剂时，应放在表面皿上或在烧杯中或在两只托盘中各放一张大小、质量相当的洁净称量纸。

称量时遵循“左物右码”的原则，用镊子夹取砝码和移动游码，取砝码的顺序应由大到小，以便于读记总数。物质的质量=砝码的质量+游码的读数。称量完毕，把砝码核对清楚，由大到小逐个放回砝码盒的空格内，最后把游码恢复至零位，两只托盘归放到同一边（图 3-5）。

图 3-5　铁钉与硫酸铜溶液的质量称重

三、过滤装置的使用

1. 三角漏斗

漏斗又称三角漏斗，是用于向小口径容器中加液或配上滤纸作过滤器而将固体和液体混合物进行分离的一种仪器。漏斗有短柄、长柄之分，但都是圆锥体，圆锥角一般为 57°、60°，投影图式为三角形，所以称为三角漏斗。做成圆锥体既便于折放滤纸，在过滤时又便于保持漏斗内液体具有一定深度，从而保持滤纸两边有一定压力差，有利于滤液通过滤纸。为了使滤液通过滤纸的速度加快，有的漏斗还在圆锥内壁制有数条直渠或弯渠，这类漏斗又称波纹漏斗。中学化学实验常用一般为三角漏斗。

漏斗的规格以上口直径表示，常用的有 40mm、60mm 和 90mm 三种。使用注意事项有以下五个方面。

（1）过滤时，漏斗应放在漏斗架上，其漏斗柄下端要紧贴盛接容器内壁，滤纸应紧贴漏斗内壁，滤纸边缘应低于漏斗边缘约 5mm，事先用蒸馏水润湿使其中不残留气泡。

（2）倾入分离物时，沿玻璃棒引流入漏斗，玻璃棒与滤纸三层处紧贴。分离物的液面要低于滤纸边缘。

（3）漏斗内的沉淀物不得超过滤纸高度的 1/2，便于过滤后洗涤沉淀。

（4）漏斗不能直火加热。若需趁热过滤，应将漏斗置于金属加热夹套中进行。若无金属夹套，可事先把漏斗用热水浸泡预热后使用。

（5）过滤装置的制备。取一张圆形滤纸，先对折成半圆形，再对折成 4 折，然后打开（一面是一层，一面是三层）成为与玻璃漏斗圆锥角相等的圆锥形（图 3-6）。

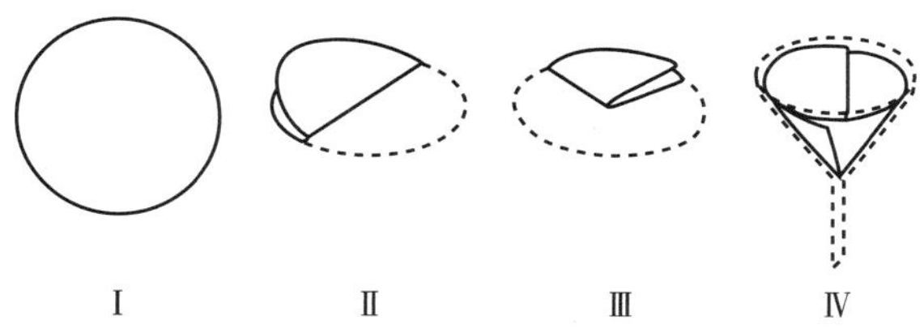

图 3-6　过滤器的制备

把圆锥形的滤纸尖端向下，放入漏斗中，滤纸的上沿应比漏斗口稍低约 5mm（多余的应剪掉）。把圆锥形的滤纸放在漏斗中旋转一下，使滤纸紧贴内壁，用左手食指按住滤纸，用蒸馏水将滤纸湿润，再小心地用手指按住滤纸，使滤纸与漏斗内壁之间不留有气泡，这样就做成了过滤器。将过滤器放在漏斗架或铁架台的铁圈上，调整其高度，使漏斗颈的尖端紧贴接受容器的内壁，以便滤液能顺着器壁流下而不致四溅，如图 3-7 所示。向过滤器中转移欲过滤的液体时，必须用玻璃棒引流，使液体沿玻璃棒缓缓流入过滤器（先倒上层清液，最后倒浑浊液，这样过滤速度较快）。玻璃棒的下端应该轻轻指向有三层滤纸的一边，且不要接触滤纸，以防液体将滤纸冲破。注入过滤器中的液体不能过多，液面必须低于滤纸边缘（一般不超过锥形滤纸深度的 2/3）。停止注入液体时，应将烧杯沿玻璃棒稍向上提，并同时使烧杯直立起来，到烧杯壁与玻璃棒几乎平行后再离开，以防液体淌到外边。待烧杯中的溶液全部转移到漏斗中，用蒸馏水少量多次地冲洗玻璃棒与烧杯，并将洗液全部转移到漏斗中，再用蒸馏水少量多次地洗涤滤纸上的残渣，得到洁净的过滤液。

2. 分液漏斗

分液漏斗用于气体发生器中控制加液，也常用于互不相溶的几种液体分离。分液漏斗有球形、梨形（或锥形）、筒形三种。梨形及筒形分液漏斗多用于分液操作。球形分液漏斗既可用于加液，也常用于分液。分液漏斗的规格以容积大小表示，常用的有 60mL 和 125mL 两种。

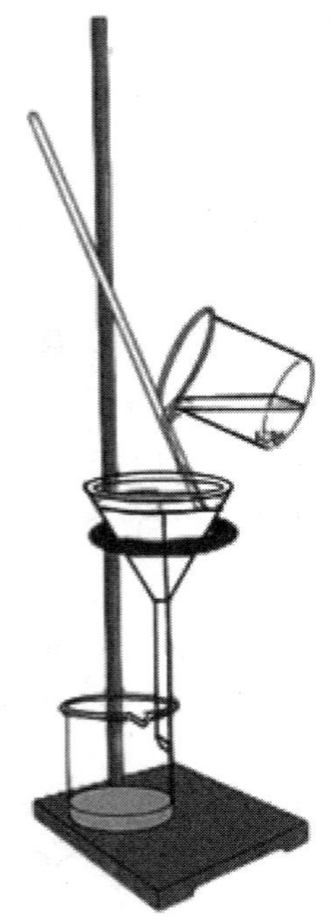

图 3–7　过滤装置

（1）使用前玻璃活塞应涂薄层凡士林，但不可太多，以免阻塞流液孔。使用时，左手虎口顶住漏斗球，用拇指和食指转动活塞控制加液。此时玻璃塞的小槽要与漏斗上的小孔对齐相通，才能使加液顺利进行。

（2）用作加液器时，漏斗下端不能浸入液面以下。

（3）振荡时，塞子的小槽应与漏斗上的小孔错位封闭塞紧。分液时，下层液体从漏斗颈流出，上层液体从漏斗口倾出。

（4）长期不用分液漏斗时，应在活塞面夹一纸条防止粘连，并用一橡皮圈套住活塞，以免失落。

3. 恒压漏斗

恒压漏斗是分液漏斗的一种。它和其他分液漏斗一样，都可以进行分液、萃取等操作，如图 3–8 所示。与其他分液漏斗不同的是，恒压漏斗可以保证内部压强不变，一是可以防止倒吸，二是可以使漏斗内液体顺利流下，三是减小增加的液体对气体压强的影响，从而在测量气体体积时更加准确。

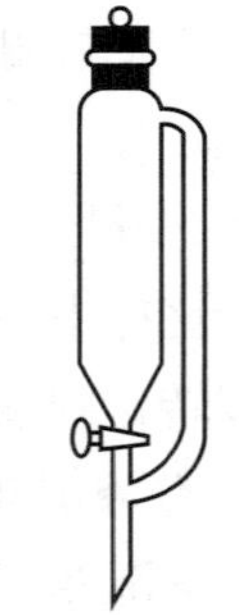

图 3–8　恒压漏斗

使用方法：①一般在封闭体系中用恒压漏斗，如绝大部分的有机合成实验，因有机物容易挥发、需要隔绝空气（氧气）等。恒压漏斗在上述实验中与烧瓶（或其他反应容器）紧密连接，漏斗也要用塞子密封。但是要注意，一些不需要封闭或条件宽松的滴加过程（比如滴加水），也常用恒压漏斗。②有时测量气体体积时，由于要消除液体所带来的气压影响，往往也会使用恒压漏斗，这样可以减小误差。另外，使用恒压漏斗可以使其中的液体更好地流出，也能够加快实验进程。

4. 布氏漏斗

布氏漏斗是用于减压过滤的一种瓷质或玻璃质仪器（图 3-9）。布氏漏斗常与吸滤瓶配套，使用前需要准备抽滤设备，如真空泵、布氏漏斗托（密封圈）、真空管（橡胶管）、滤纸等，用于吸滤较多量固体时使用。布氏漏斗的规格以斗径和斗长的乘积（mm×mm）表示，常用的有 20×60、25×65 和 32×75 三种。

图 3-9　抽滤装置

使用注意事项有以下方面。

（1）使用布氏漏斗进行减压过滤时，要在漏斗底上平放一张比漏斗内径略小的圆形滤纸，使底上细孔被全部盖住。事先用蒸馏水润湿，特别注意滤纸边缘要与底部紧贴。

（2）布氏漏斗要用一个大小相宜的单孔橡胶塞紧套在漏斗颈上与配套使用的吸滤瓶相连。

5. 吸滤瓶

吸滤瓶又称抽滤瓶，它与布氏漏斗配套组成减压过滤装置，用作盛接滤液的容器。吸滤瓶的瓶壁较厚，能承受一定压力。它与布氏漏斗配套后，一般用抽气机或水流抽气管（又称水流泵或射水泵）减压。在抽气管与吸滤瓶之间常连接一个二口瓶作缓冲器，防止倒流。吸滤瓶的规格以容积表示，常用的有 250mL、500mL 和 1000mL 等几种。

使用注意事项有以下方面。

（1）安装时，布氏漏斗颈的斜口要远离且面向吸滤瓶的抽气嘴。抽滤时速度（用流水控制）要慢且均匀，滤液不能超过抽气嘴。

（2）抽滤过程中，若漏斗内沉淀物有裂纹，要用玻璃棒及时压紧消除，以保证吸滤瓶的低压，便于吸滤。

6. 冷凝管

冷凝管是一种用作促进冷凝作用的实验室设备，通常由一里一外两条玻璃管组成，其中较小的玻璃管贯穿较大的玻璃管。它是利用热交换原理使气体冷却凝结为液体的一种玻璃仪器。注意事项：有易挥发的液体反应物时，为了避免反应物损耗和充分利用原料，要在发生装置上设计冷凝回流装置，使该物质通过冷凝后由气态恢复为液态，从而回流并收集，实验室可通过在发生装置上安装长玻璃管或冷凝回流管等实现。

（1）直形冷凝管（图 3-10），多用于蒸馏操作，蒸气温度低于 140℃，不可用于回流。在其外管的上下两侧分别有连接管接头，用作出水口和进水口，使用时，将靠下端的连接口以塑胶管接上水龙头，当作进水口。因为进水口处的水温较低而被蒸气加热过后的水温度较高；较热的水因密度降低会自动往上流，有助于冷却水的循环。一般倾斜放置。

（2）球形冷凝管（图 3-11），球形冷凝管内管为若干个玻璃球连接起来，用于有机制备的回流，由于接触面积比直形冷凝管的大，冷凝效果好，适用于各种沸点的液体。一般直立放置。

（3）蛇形冷凝管（图 3-12），内芯管长度大，冷却面积大，冷却的效果更好，主要用于冷凝收集沸点偏低的蒸馏产物。

（4）空气冷凝管（图 3-13），常用于沸点大于 140℃的有机化合物的蒸馏（以免直形冷凝管通水冷却导致玻璃温差大而炸裂）。

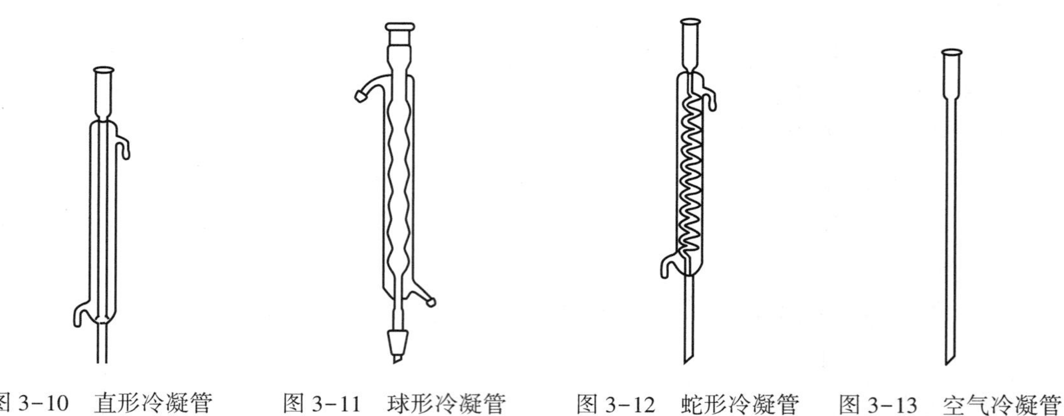

图 3-10　直形冷凝管　　图 3-11　球形冷凝管　　图 3-12　蛇形冷凝管　　图 3-13　空气冷凝管

（5）管刺形分馏柱（图 3-14），如果分离沸点差别不太大的液体混合物的分离操作中，可用管刺形分馏柱。

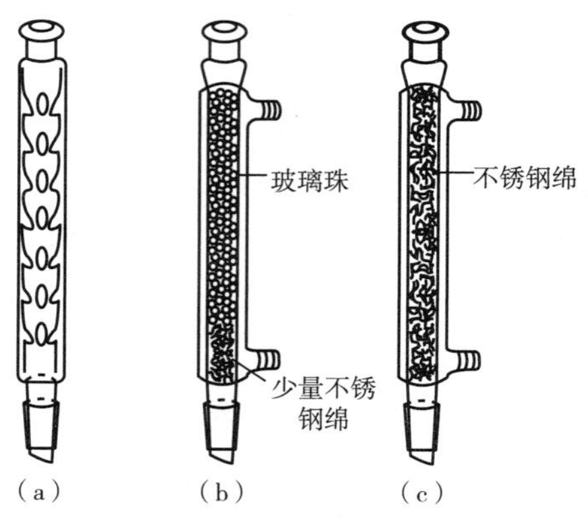

图 3-14　管刺形分馏柱

四、酒精灯的使用

酒精灯是用酒精作燃料的加热仪器。其火焰温度在 400~500℃之间。酒精灯使用方便，比较安全，多数化学实验都可用它进行加热。但由于酒精的沸点为 78.3℃，闪点较低，又能与空气形成爆炸混合物（爆炸极限为 3.1%~20%），且酒精灯的颈口与灯头的连接是活动的，所以使用酒精灯时应注意以下几点。

（1）酒精不可装得太满，一般不超过酒精灯容积的 2/3，但也不能少于灯容积的 1/3。

酒精太多，移动时容易洒出或在点燃时受热膨胀而溢出；酒精太少，则灯内酒精蒸气太多，易引起爆炸。

（2）点燃酒精灯时要用火柴或打火机，不能用燃着的酒精灯去点燃另一只酒精灯。添加酒精时一定要借助小漏斗，以免将酒精洒出。决不允许向燃着的酒精灯添加酒精，否则，很容易着火，造成事故。万一洒出的酒精在灯外燃烧，不要慌张，可用湿抹布或砂土扑灭。

（3）酒精灯连续使用的时间不能太长，以防止火焰使酒精灯本身灼热后，灯内酒精大量气化而形成爆炸混合物。

（4）熄灭酒精灯时不能用嘴吹灭。由于往灯壶内吹入了空气，灯壶内的酒精蒸气和空气在灯壶内会迅速燃烧，形成很大气流往外猛冲，这样会造成危险。正确的操作方法是用灯帽盖灭，然后再将灯帽提起，使酒精蒸气散掉一部分并进入空气，再把灯帽盖上。这样可保持灯帽内外压强一致，再使用时容易打开。

（5）酒精不用时，应盖上灯帽，为防止酒精挥发。如长期不用，应将灯内酒精倒出，并在灯帽与灯颈之间夹一小纸条，防止黏结。

五、试纸的使用方法

实验室中常用的试纸有石蕊试纸、pH 试纸、淀粉—碘化钾试纸及乙酸铅试纸等。

1. 石蕊试纸

石蕊试纸可用于检验溶液或气体的酸碱性。一般将试纸剪成小片，放在干净的点滴板或表面皿上，再用玻璃棒蘸取少许待检溶液，滴到试纸上观察颜色变化；检验气体时，则将试纸用蒸馏水润湿，用玻璃棒粘上置于试管口上方，观察颜色的变化。注意不能将试纸直接投入待检测的溶液中。

2. pH 试纸

pH 试纸使用方法同石蕊试纸，最后将试纸所呈颜色与标准色板比较，以确定溶液的 pH。

3. 淀粉—碘化钾试纸

淀粉—碘化钾试纸主要用于定性检验氧化性气体（如 Cl_2、Br_2、O_3 等），使用方法同石蕊试纸。

第二节　化学药品的取用、加热与冷却

一、化学药品的取用

化学试剂按其中杂质含量的多少及主含量的不同可分为四个级别。一级试剂为优级纯（G. R.），又称保证试剂，用于精密分析及科学研究，标签为绿色；二级试剂为分析纯（A. R.），用于一般分析测试及科学研究，标签为红色；三级试剂为化学纯（C. R.），用

于一般定性实验和化学制备，标签为蓝色；四级试剂为实验试剂（L. R.），用于一般的化学制备，标签为棕色。在一般的中学化学实验中，化学纯试剂已足够，只有在个别实验中才使用分析纯试剂。

由于试剂性质的不同，存放试剂的瓶子质地和颜色各有差别。例如，见光易分解的试剂需保存在棕色瓶中，含氟类试剂常保存在塑料瓶中。

常用试剂多为固态或液态，为保存及取用的方便，固体试剂装在广口试剂中，而液体试剂装在细口试剂瓶中。

二、加热与冷却

根据实验对温度控制要求的不同，可以选用不同的热源进行加热。

1. 直接加热

酒精灯可用于一些对温度控制不严的场合（如试管反应等）进行直接加热。缺点是温度不易控制，器皿受热不均匀。试管中液体的加热（图 3-15），所盛液体的量不应超过试管容积的1/3。加热时应该用试管夹夹住试管的中上部，管口不能对着自己或他人，以免加热时溅出。加热时应使液体受热均匀，先加热液体的中上部，再加热下部，并不时振荡试管，从而使液体各部分均匀受热，以免试管内液体因局部沸腾而迸溅，造成烫伤。试管中固体的加热（图 3-16），所加固体在试管中要铺开，管口略向下倾斜，以免管口冷凝的水珠倒流入试管的加热处而使试管炸裂。加热时，应先将火焰来回移动，再在盛有固体物质的部分加强热。坩埚中固体的灼烧（图 3-17），当某固体物质需要高温加热时，可将固体放入坩埚中加热，灼热后的坩埚要用坩埚钳钳取。

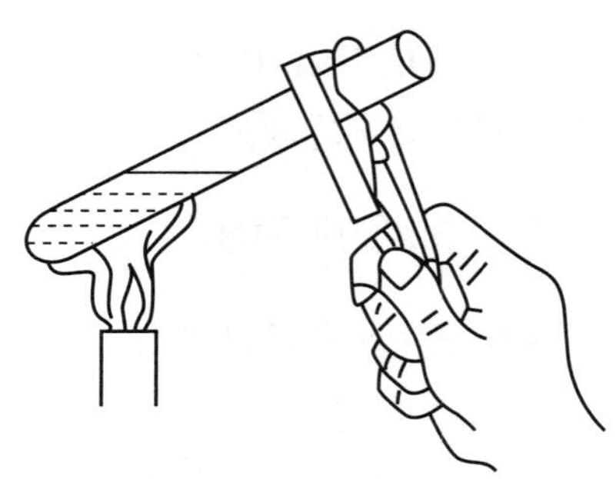

图 3-15　试管中液体的加热

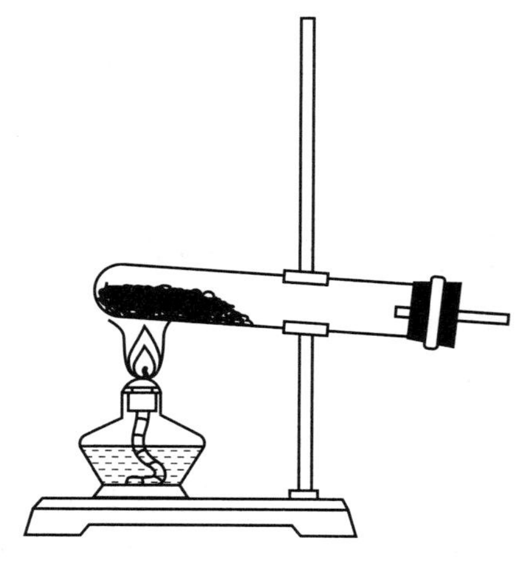

图 3-16　试管中固体的加热

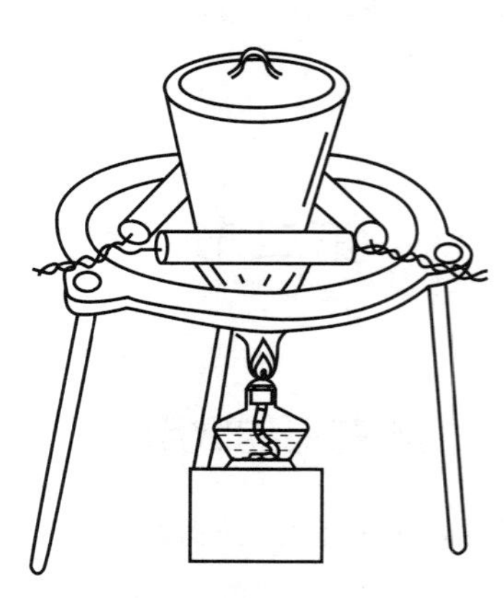

图 3-17　利用坩埚加热

2. 间接加热

烧瓶、烧杯、锥形瓶等底面积较大的仪器一般不能用火焰直接加热。因为剧烈的温度变化不仅会造成仪器损坏，而且由于局部太热，还可能造成仪器内物质的分解。所以在中学化学实验中，还常根据具体情况，采用下面的方法进行间接加热。

（1）垫石棉网加热。这是一种最常用的加热方法。烧杯、烧瓶等仪器都可放置于三脚架或铁架台上的石棉网上进行加热。

（2）水浴。当被加热的物质要求受热均匀且温度不超过 100℃时，可将仪器浸到热水中进行加热，这就是水浴。水浴有专用的水浴锅，水浴锅有铜制和铝制，型号很多，锅盖通常是由一组直径依次由大到小的片圈组成的，可以放置不同规格的仪器。若所需温度较高，可将水浴锅中的水煮沸，用水蒸气进行加热。实验室中如无水浴锅，可用大烧杯代替。

（3）沙浴。当所需加热的温度超过 100℃时，可使用沙浴。进行沙浴要使用铁制沙浴盘或沙浴锅，沙一般用细石沙。被加热的器皿放在热沙上。由于沙保热能力较差，散热很快，所以器皿底部的沙层应铺得薄些，以便于传热，器皿周围则要堆得厚些，以利于保温。

实验中为了控制适当的反应速率，常需要适当冷却。最简便的方法是将反应容器置于冷水浴中，用冰水混合物可以使温度降得更低；若要保持反应在 0℃以下进行，可使用冰盐浴，如 100 份冰中加入 33 份食盐，最低能达到-21℃；用固体二氧化碳（干冰）和乙醇或丙酮的混合物可获得-78℃的低温。

第三节　中学化学其他操作训练

在化学中，用化学物品和溶剂（一般是水）配制成实验需要浓度的溶液的过程就叫作配制溶液。

一、溶液的配制操作训练

实验中定量量度液体体积的常用器皿有量筒、容量瓶、滴定管、移液管等。这些器皿在所标示的温度下能准确给出所量取液体的体积，它们不能用加热烘干的方法进行干燥，更不能作为反应容器使用，在读取读数时视线应与凹液面最低处在同一水平面上。

1. 量筒的使用

用量筒量取液体试剂时，应左手拿住量筒，右手拿起试剂瓶，并注意标签对着手心，瓶口紧靠量筒的口边慢慢注入液体到需要的刻度，视线应与凹液面最低处在同一平面上（图 3-18）。若不慎倒出过多的液体，不能倒回原瓶。试剂取用后，必须立即将瓶塞塞好，放回原处，并使瓶上的标签朝外。

2. 容量瓶的使用及溶液的配制

容量瓶可用来配制一定温度下一定体积、浓度准确的溶液。当溶质是固体时，先用天

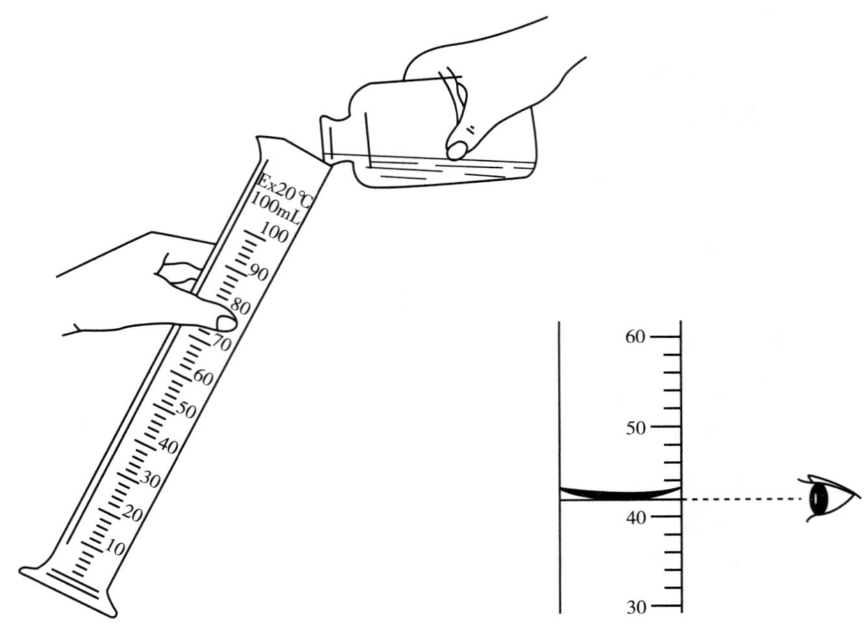

图 3-18　量筒的使用方法

平准确称取所需质量的溶质，在干净的烧杯中加入少量蒸馏水，溶解冷却后将溶液沿玻璃棒小心转入已洗净的容量瓶中，再用蒸馏水少量多次洗涤烧杯及玻璃棒，并将洗液全部转入容量瓶，然后加入蒸馏水到距刻度线下 1～2cm 处。此时改用滴管加水，直到溶液凹液面最低处到达刻度线为止，最后塞紧瓶塞，用右手食指按住瓶塞，左手托瓶底，将容量瓶反复倒置数次，并不时振荡，以保证溶液浓度均匀一致（图 3-19）若是稀释浓溶液或液体溶质，也应在烧杯中稀释，然后转入容量瓶。有的溶质含有结晶水或具有吸水性，若溶质的准确质量难以确定，则可在容量瓶中配制成大约浓度的溶液后再用标准物质进行标定，以确定所配溶液的准确浓度。

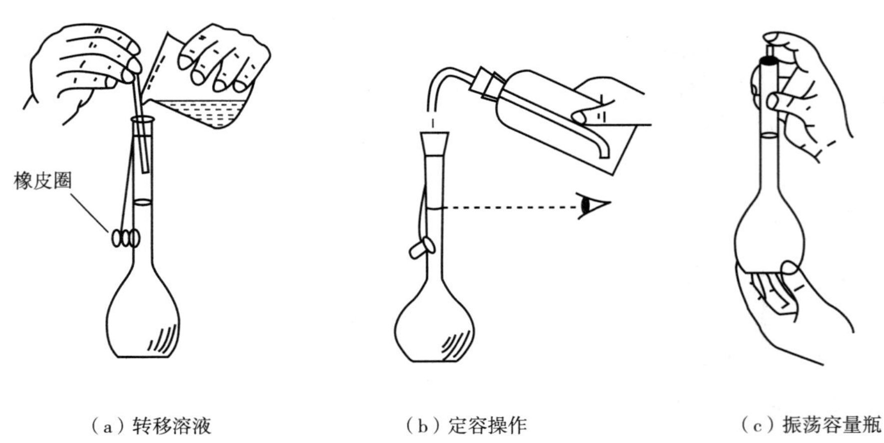

（a）转移溶液　　（b）定容操作　　（c）振荡容量瓶

图 3-19　容量瓶的使用方法

配制饱和溶液时，应使用比计算值稍多的溶质的量，在加热状态下溶解，然后冷却，待结晶析出后制得。配制易水解盐类的溶液，如 $SnCl_2$、$SbCl_3$、$Bi(NO_3)_3$ 等，则需在相应的酸（HCl、HNO_3）中配制，然后稀释，以抑制水解，保证溶液澄清。

3. 滴定管的使用

滴定管分为酸式和碱式两种（图 3-20），它能滴放任意量的液体，使用方便，是溶液间相互滴定的常用仪器。酸式滴定管可存放酸液、高锰酸钾溶液等，因其下端活塞用玻璃制成，所以不能放置碱液。碱式滴定管下端有一段带玻璃珠的橡胶管，常用来存放碱液。因橡胶管易受浓酸、氧化剂的腐蚀而破损，所以不宜接触酸性和氧化剂溶液。滴定管使用前需先检漏、洗涤，然后用少量待装溶液润洗或先干燥再装液，以保证待装溶液进入滴定管后浓度与原待装溶液一致。使用时溶液加至滴定管刻度“0”以上，再开启活塞或挤压玻璃珠，把液面调至“0”或略低于“0”刻度。滴定管下端若有气泡，会影响体积的量度，应先除去。对于酸式滴定管，可使滴定管倾斜，开启活塞，气泡随流出的溶液而逸出；对于碱式滴定管，则应将橡胶管上弯，挤压玻璃珠，将气泡逐出，如图 3-21 所示。

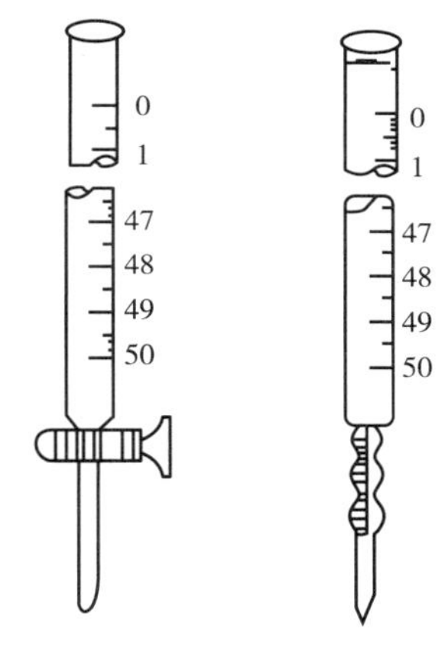

（a）酸式滴定管　（b）碱式滴定管

图 3-20　滴定管

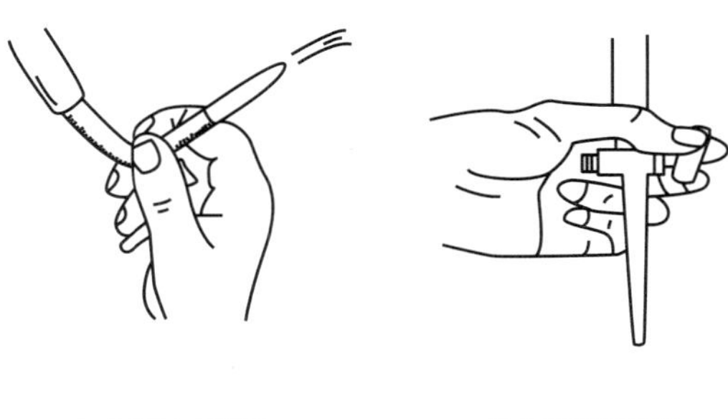

（a）逐去气泡法　（b）转动活塞法

图 3-21　滴定管的使用

滴定操作时，对于酸式滴定管，一般用左手控制活塞，用拇指、食指和中指转动活塞，其间应将活塞轻轻按住，以防转动活塞时活塞松动而漏液。对于碱式滴定管，则用食指和拇指拉或略挤紧贴玻璃珠稍上的橡胶管，使管内形成一条细缝，让溶液流出。滴定管读数时，应使滴定管尽量垂直，待溶液静置 1~2min 后，读取与凹液面最低处相切的刻度，一般读到小数点后两位，如 35.42mL。

4. 移液器的种类和使用

准确的分析方法对于一些化学、生物化学实验是极为重要的，在各种生物、化学分析技术中，首先要熟练掌握的就是准确的移液技术。为此要用到各种形式的移液管。

（1）滴管。使用方便，可用于半定量移液，其移液量为 1~5mL，常用的为 2mL，可换不同大小的滴头。滴管有长、短两种，新出的一种带刻度和缓冲泡的滴管，可以比普通滴管更准确地移液，并防止液体吸入滴头，如图 3-22 所示。

图 3-22　塑料滴管

（2）移液管（吸管）。吸管使用前应洗至内壁不挂水珠，1mL 以上的吸管用吸管专用刷刷洗，0.1mL、0.2mL 和 0.5mL 的吸管可用洗涤剂浸泡，必要时可以用超声清洗器清洗。由于铬酸洗液致癌，应尽量避免使用。若有大量成批的吸管洗后冲洗，可使用冲洗桶，将吸管尖端向上置于桶内，用自来水多次冲洗后再用蒸馏水或无离子水冲洗。

吸管分为两种，一种是无分度的，称为大肚吸管，精确度较高，其相对误差 A 级为 0.7%~0.8%，B 级为 1.5%~0.16%，液体自标线流至口端（留有残液 A 级等待 15s，B 级等待 3s）。另一种吸管为分度吸管，管身为一粗细均匀的玻璃管，上面均匀刻有表示容积的分度线，其准确度低于大肚吸管，相对误差 A 级为 0.8%~0.2%，B 级为 1.6%~0.4%，A 级、B 级在吸管身上有 A、B 字样，有“快”字则为快流式，有“吹”字则为吹出式，无“吹”字的吸管不可将管尖的残留液吹出。吸、放溶液前要用吸水纸擦拭管尖，如图 3-23 所示。

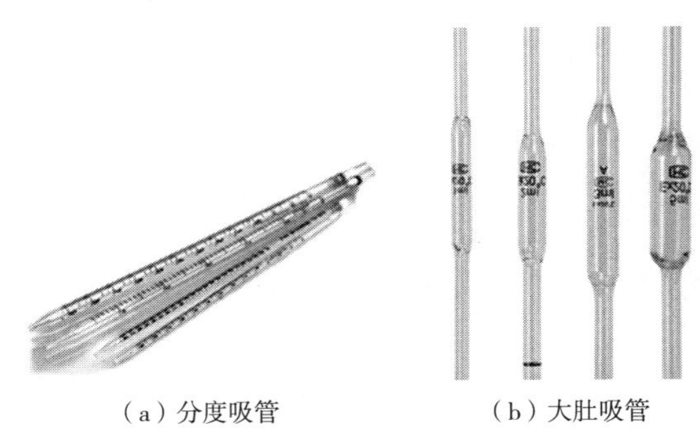

（a）分度吸管　　（b）大肚吸管

图 3-23　移液管

（3）微量进样器。微量进样器常用作气相和液相色谱仪的进样器，在生化实验中主要是用作电泳实验的加样器，通常可分为无存液和有存液两种，如图 3-24 所示。

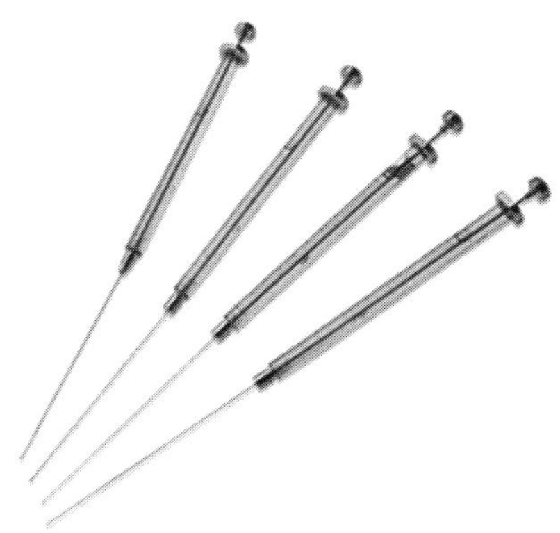

图 3-24　微量进样器

10μL 以下的极微量液体进样：无存液微量进样器的不锈钢芯子直接通到针尖端处，不会出现存液。

10~100μL 有存液微量进样器：不锈钢的针尖管部分是空管，进样器的柱塞不能到达，因而管内会存有空气或液体，其使用注意事项是：①不可吸取浓碱溶液，以免腐蚀玻璃和不锈钢零件；②因为有存液，所以吸液时要来回多拉几次，将针尖管内的气泡全部排尽；③针尖管内孔极小，使用后尤其是吸取过蛋白质溶液后，必须立即清洗针尖管，防止堵塞和粘连。若遇针尖管堵塞，不可用火烧，只能用 0.1mm 的不锈钢丝耐心串通；④进样器未润湿时不可来回干拉芯子，以免磨损而漏气；⑤若进样器内发黑，有不锈钢氧化物，可用芯子蘸少量肥皂水，来回拉几次即可除之。

（4）自动取液器。自动取液器在生化实验中大量地使用，如图 3-25 所示，它们主要用于多次重复的快速定量移液，可以只用一只手操作，十分方便。移液的准确度（容量误差）为±（0.5%~1.5%），移液的精密度（即重复性误差）更小些，为≤0.5%。

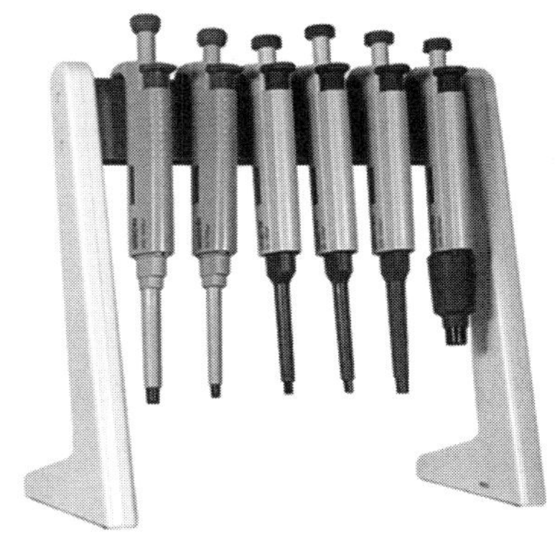

图 3-25　自动取液器

取液器可分为两种：一种是固定容量的，常用的有 100μL 等多种规格。每种取液器都有其专用的聚丙烯塑料吸头，吸头通常是一次性使用，当然也可以超声清洗后重复使用，而且此种吸头还可以进行 120℃高压灭菌；另一种是可调容量的取液器，常用的有 200μL、500μL 和 1000μL 等。

可调式自动取液器的操作方法是用拇指和食指旋转取液器上部的旋钮，使数字窗口出现所需容量体积的数字，在取液器下端插上一个塑料吸头，并旋紧以保证气密，然后四指并拢握住取液器上部，用拇指按住柱塞杆顶端的按钮，向下按到第一停点，将取液器的吸头插入待取的溶液中，缓慢松开按钮，吸上液体，并停留 1～2s（黏性大的溶液可加长停留时间），将吸头沿器壁滑出容器，用吸水纸擦去吸头表面可能附着的液体。排液时吸头接触倾斜的器壁，先将按钮按到第一停点，停留 1s（黏性大的液体要加长停留时间），再按压到第二停点，吹出吸头尖部的剩余溶液。如果不便于用手取下吸头，可按下除吸头推杆，将吸头推入废物缸。

自动取液器的使用注意事项：①吸取液体时一定要缓慢平稳地松开拇指，绝不允许突然松开，以防将溶液吸入过快而冲入取液器内腐蚀柱塞而造成漏气。②为获得较高的精度，吸头需预先吸取一次样品溶液，然后再正式移液，因为吸取血清蛋白质溶液或有机溶剂时，吸头内壁会残留一层“液膜”，造成排液量偏小而产生误差。③浓度和黏度大的液体，会产生误差，为消除其误差的补偿量，可由试验确定，补偿量可用调节旋钮改变读数窗的读数来进行设定。④可用分析天平称量所取纯水的重量并进行计算的方法，来校正取液器，1mL 蒸馏水 20℃时重 0.9982g。

二、物质的分离操作训练

在常见的化学反应中一般需要较纯的化学物质，这就需要进行物质分离。物质的分离是得到较纯物质的主要手段。因而在化学实验中有重要的地位。

（一）蒸馏

蒸馏是一种分离和提纯液体混合物的常用方法，可以在混合物中分离沸点不同的物质，也可以去除混在液体里的其他杂质。蒸馏的过程是将液体加热至沸腾产生蒸气，然后将蒸气冷凝成液体。根据被蒸馏物质的性质和要求，蒸馏有常压蒸馏、水蒸气蒸馏和减压蒸馏。中学化学实验室中最常用的蒸馏方法是常压蒸馏。

常压蒸馏是一种最简单的常压下进行的蒸馏操作，通常用来处理受热不发生分解或者沸点不太高的液体物质。装置如图 3-26 所示。

（二）萃取与分液

利用物质在两种互不相溶（或微溶）的溶剂中溶解度或分配系数的不同，使溶质物质从一种溶剂内转移到另外一种溶剂中的方法叫萃取。萃取溶剂多数为有机溶剂，被萃取的溶液一般都是水溶液，在中学化学实验中常用分液漏斗进行萃取操作。将萃取后两种互不相溶的液体分开的操作，叫作分液，所使用的仪器是分液漏斗。其操作方法如下：将不相混溶的液体注入分液漏斗中，分液漏斗放在铁架台上的铁圈内，把分液漏斗上的玻璃塞打开并使塞上的凹槽或小孔对准漏斗口上的小孔，使漏斗内外气压相等，保证漏斗里的液体能够流出，打开活塞，使下层液体慢慢流出，如图 3-27 所示。注意漏斗末端紧靠接收容器内壁，待下层溶液流完后应及时关闭活塞。若需得到的下层液体较纯，则留少量下层液体在活塞孔柱内；若需得到的上层液体较纯，则使上层液体流出活塞孔柱内再关闭活塞。上层液体从漏斗上口倾倒出，下层液体从漏斗下口流出。具体步骤如下所示。

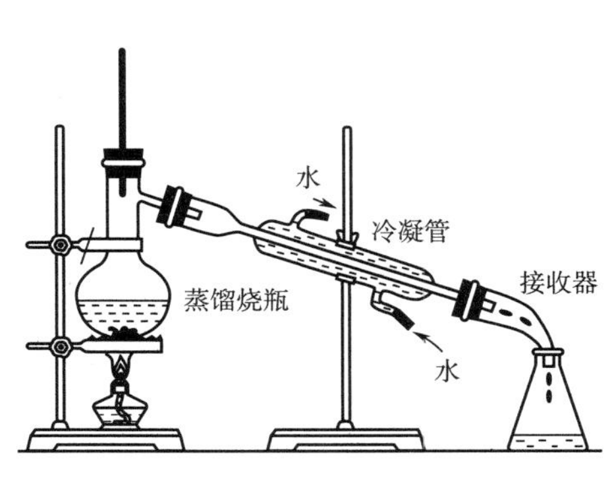

图 3-26　蒸馏装置图

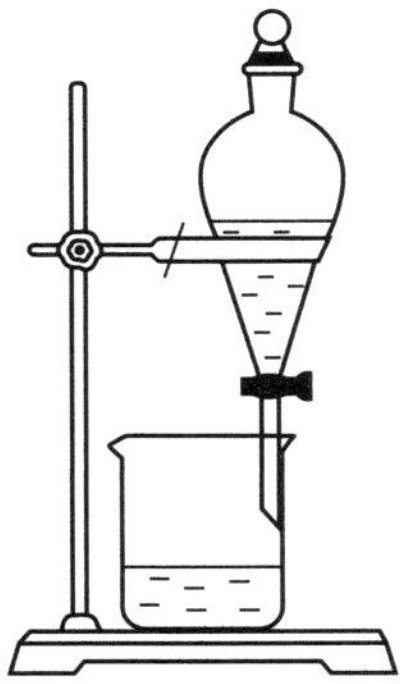

图 3-27　分液装置

（1）选取大小合适（分液漏斗的容积应为被萃取溶液与萃取溶剂二者体积总和的 1.5 倍左右）的分液漏斗。给漏斗的活塞涂油，塞好。将分液漏斗安放在漏斗架或铁架台的铁圈上。

（2）将溶液与萃取溶剂从漏斗口注入，塞好漏斗口上的塞子（此塞不能涂油）。

（3）取下分液漏斗，用右手手掌顶住塞子，手指可捏住漏斗口颈，左手握住漏斗的活塞，使大拇指和食指捏住活塞柄，中指垫在塞座下边，做好旋转活塞的准备。振摇漏斗，振摇时，漏斗稍倾斜，漏斗口向下，振摇 1~2min，可打开活塞，将气体放出。如此反复操作直至产生的气体很少（即放出的气体气压很小）时，再剧烈振摇 2~3min，然后将漏斗放回漏斗架，静置。

（4）待漏斗内液体分成上下两层后，打开塞子，再慢慢旋开活塞将下层液体放出。重复萃取操作 3~5 次，直至确定最后一次加入的萃取溶剂里已无所需萃取的物质为止。

当用一定量溶剂进行萃取时，应将溶剂分成多份，进行多次萃取，这样要比用全部溶剂进行一次萃取的萃取效率高。萃取时，两种溶液难以分层时，可采用以下办法处理：长时间静置，若溶剂水与萃取溶剂能部分互溶时，可加入少量电解质（如氯化钠），利用盐析作用以降低萃取溶剂在水中的溶解度；若溶液与萃取溶剂密度相差较小时，也可加入食盐，以增加水溶液的密度；两液界面之间出现絮状物使分层不明显时，也可用过滤方法将其除去。

三、气体的制取操作训练

制取气体是实验化学中基本并重要的一项技能。在部分化学反应中有气体参与，但是气体试剂不便于储存，所以在进行实验前要通过反应来生成这种气体，随制随用。

（一）气体的制备

实验室中常需用到各种气体，如 N_2、H_2、O_2、CO_2、Cl_2 等。气体的发生主要考虑两大因素：反应物状态和反应条件。依据这两个因素可以把气体制取分成以下类型。

（1）第一类是利用固体加热产生气体，如 $KClO_3$ 分解制备氧气，装置如图 3-28 所示。

所需仪器：铁架台、铁夹、酒精灯、大试管、单孔橡胶塞、导气管等。

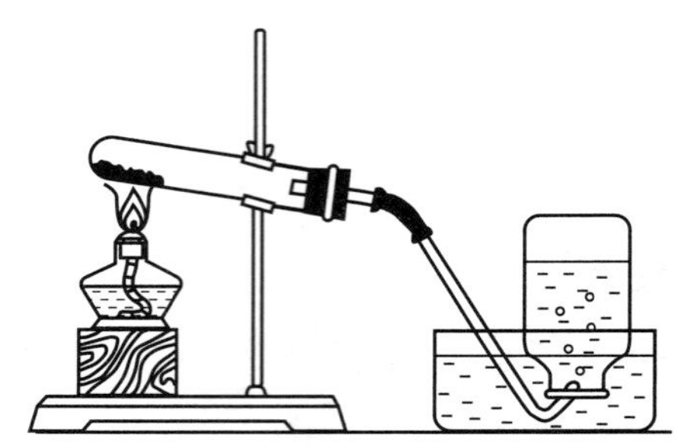

图 3-28　固—固加热反应制取气体实验装置

注意事项：试管口应略向下倾斜，以防止产生的水蒸气在管口冷凝后倒流而引起试管炸裂；铁夹应夹在距试管口 1/3 管长处；固体药品要在试管底部平铺开，加热时首先均匀预热，然后集中加热药品部位，并逐步前移；胶塞上的导管伸入不能过长否则会妨碍气体的导出；如用排水法收集气体，当停止制取气体时，应先从水槽中撤出导管，再熄灭酒精灯，以防止倒吸。

（2）第二类是利用固体与液体或液体与液体加热制取气体，如浓盐酸和二氧化锰制备氯气，装置如图 3-29 所示。

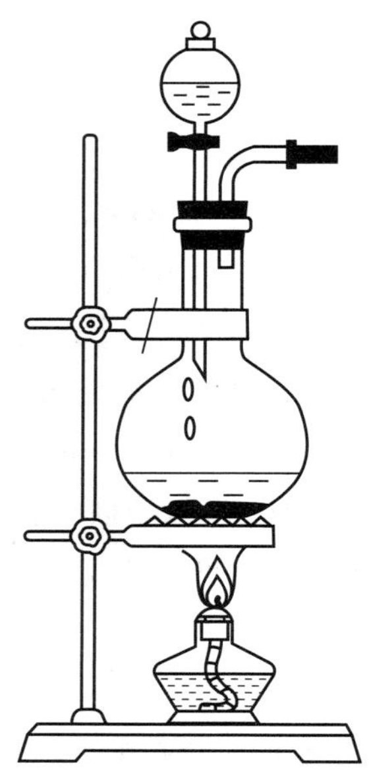

图 3-29　固/液—液加热反应制取气体实验装置

所需仪器：铁圈、铁架台、铁夹、酒精灯、石棉网、烧瓶、分液漏斗、双孔橡胶塞、导气管等。

注意事项：烧瓶应固定在铁架台上；先把固体药品放入烧瓶中，然后再慢慢加入液体；分液漏斗应盖上盖，注意盖上的小槽要对准分液漏斗颈上的小孔；对烧瓶加热时要垫上石棉网，以使烧瓶底部受热均匀。

（3）第三类是利用固体与液体反应且不需加热制取气体。例如锌和盐酸反应制氢气，大理石和盐酸反应制二氧化碳等，装置如图 3-30 所示。

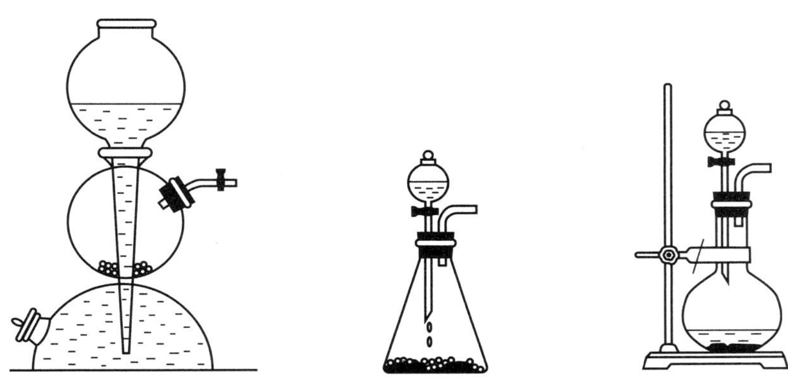

图 3-30 固—液反应制取气体实验装置

所需仪器：铁架台、铁夹、大试管、长颈漏斗、双孔橡胶塞、导气管等，或启普发生器（随时发生或停止反应）。

注意事项：在简易装置中长颈漏斗颈的下口应伸入液面以下，以防止生成的气体从长颈漏斗逸出；加入的块状固体药品大小要适宜，如果太碎会落入底部的反应液中使反应无法停止，造成容器内压力过大导致长颈漏斗中的液体溢出；加入反应液要适量；最初使用时应待容器内原有的空气排净后再收集气体；在导管口点燃 H_2 等可燃性气体前，要先检验纯度。

（二）气体收集方法

收集气体时，按气体在水中的溶解度大小及气体密度与空气密度的相对大小不同，可以分别选用排水、向上排空气、向下排空气三种方法收集气体。

（1）排液法：其装置如图 3-31 所示。若气体难溶于水且不与水反应，则可用排水法收集（如 H_2、O_2、NO、CO 等）；若气体可溶于水但溶解度不大或与水能缓慢反应，则可用排饱和溶液法收集（如 CO_2 可用排饱和 $NaHCO_3$ 溶液法收集，Cl_2 排饱和食盐水法收集等）。

（2）排气法：其装置如图 3-32 所示，若气体密度与空气相差较大且在空气中能稳定存在，可选用排空气法收集。若气体密度大于空气的密度，则用向上排空气法，如 O_2、Cl_2 等；若气体密度小于空气的密度，则用向下排空气法，如 H_2、NH_3 等。排空气法收集到的气体一般不纯。

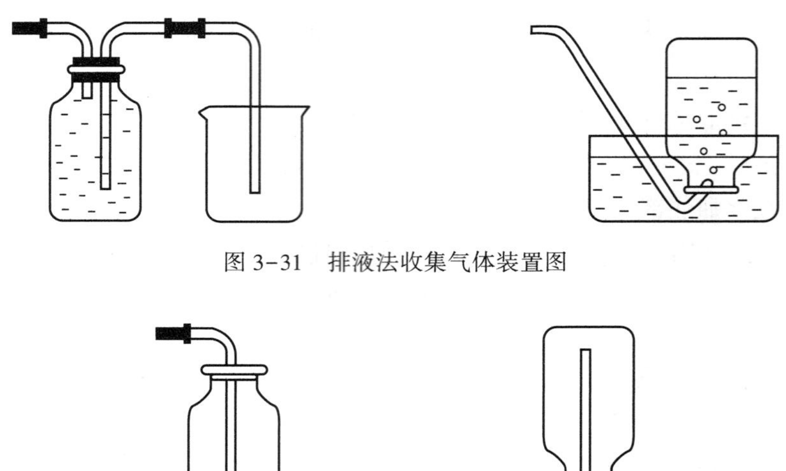

图 3-31　排液法收集气体装置图

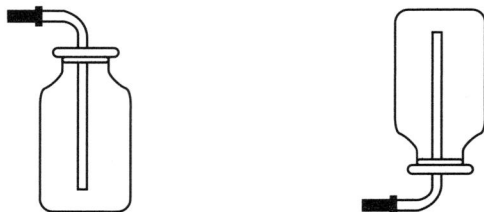

图 3-32　排气法收集气体装置图

(三) 气体的净化与干燥

气体的净化与干燥，是为了除去气体中的杂质，这要求吸收剂不与被净化气体反应而只吸收杂质。气体的净化与干燥使用的主要实验装置是洗气瓶与干燥管，如图 3-33 所示。

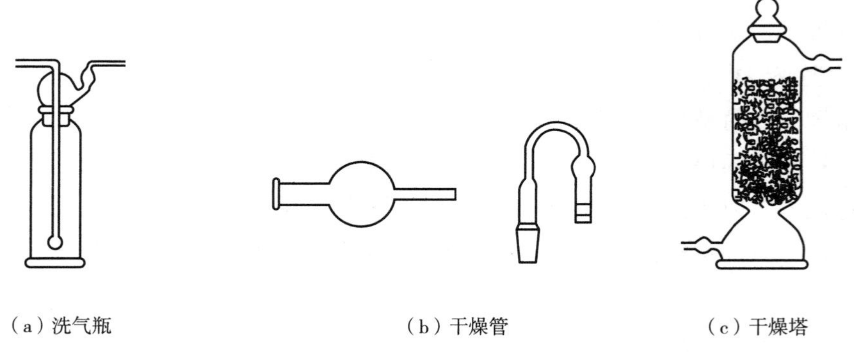

(a) 洗气瓶　　(b) 干燥管　　(c) 干燥塔

图 3-33　气体净化与干燥实验装置

(1) 洗气瓶中一般装入液体除杂试剂，并且气体流向一般是长导管进，短导管出。除杂试剂一般通过化学反应将杂质吸收或将杂质气体转化为所制取的气体。常见除杂试剂有：①强碱溶液，可吸收二氧化碳、氯化氢等酸性气体，如氢氧化钠溶液。②饱和的酸式盐溶液，可将杂质气体吸收转化，如饱和碳酸氢钠溶液能除去二氧化碳气体中混有的氯化氢等强酸性气体。③浓硫酸溶液，利用它的吸水性，可除去 N_2、O_2、Cl_2、H_2 等气体中混有的水蒸气。但由于浓硫酸有强氧化性，不能用来干燥强还原性气体，如 H_2S 等。

(2) 干燥管、干燥塔中一般装入固体干燥剂。常见的固体干燥剂有：酸性干燥剂 (P_2O_5)、碱性干燥剂 (无水 $CaCl_2$)、中性干燥剂 [生石灰、氢氧化钠、碱石灰 ($NaOH$、CaO)]。

（四）制取气体的一般步骤

制取气体首先应组装好气体发生装置，接着先检查装置的气密性，再装药品，若只是固体物质，一次性装好后再固定装置；若是固体和液体两种，一般先装固体，安装好后从长颈漏斗加液体；开始反应后应排尽空气后收集；收集气体若采用排空气法时应根据气体的性质进行验满；收集结束后撤去装置时要考虑仪器的安全。

（五）实验仪器的组装

组装实验仪器时，一般按从低到高，从左到右的顺序进行。组装仪器的一般规律可概括为：发生装置—气体净化—气体干燥—主体实验—尾气处理。须强调的是：仪器的组装顺序（包括实验操作顺序）因实验而异，并没有固定、统一的模式，上面所提及的仅为一般规律。实验中，若涉及仪器的组装顺序（包括各接口顺序）时，要根据具体情况进行选择。其中各分装置的接口顺序如下：①溶液洗气装置（包括用浓硫酸除杂、干燥）“长进短出”。②排水集气装置：“短进长出”。③干燥管：“大进小出”。

第四章　中学化学基础实验研究

实验一　氧气的制取及性质

实验视频

一、实验目的

掌握氧气的实验室制法与性质实验的基本技能。

复习巩固基本操作、基本技能。

了解条件控制的实际意义。

二、实验用品

1. 实验仪器

铁架台、铁夹、酒精灯、单孔胶塞、水槽、集气瓶 2 个、打孔器、毛玻璃片 2 片、燃烧匙、镊子、台称（或天平）、硬质大试管 1 支、玻璃弯管 2 个、药匙。

2. 实验药品

高锰酸钾、木炭（块）、硫粉、细铁丝。

3. 其他实验用品

称量纸、火柴、废液缸、胶管。

三、实验药品安全信息

$KMnO_4$ 安全信息见表 4-1。

表 4-1　$KMnO_4$ 安全信息

基本信息			
化学品中文名称	高锰酸钾	中文名称别名	灰锰氧
化学品英文名称	potassium permanganate；permanganic acid；potassium salt		
CAS No.	7722-64-7	UN No.	1490
分子式	$KMnO_4$	分子量	158.04
危险性概述			
GHS 危险性分类	氧化性固体，类别 2；危害水生环境-急性危害，类别 1；危害水生环境-长期危害，类别 1		

续表

GHS 标签象形图			
是否易制毒/易制爆	本品是易制毒和易制爆试剂。易制毒试剂第三类。氧化性固体，类别 2		
燃烧及爆炸	助燃，与可燃物混合会发生爆炸		
危险反应及分解产物	与禁配物接触有发生燃烧爆炸的危险。加热时分解生成有毒气体和刺激性烟雾。分解产物：氧化锰、氧化钾		
禁配物	强还原剂、活性金属粉末、硫、铝、锌、铜及合金、易燃或可燃物。硫酸、铵盐、过氧化氢、甘油、乙二醇、磷等		
健康危害	对眼、皮肤和呼吸道有腐蚀性。误服腐蚀口腔和消化道，最后可能造成循环衰竭		
环境危害	严重危害水生生物且毒害影响长期持续		
理化特性			
外观与性状	深紫色细长斜方柱状结晶，有金属光泽		
熔点（凝固点）/℃	240（分解）	爆炸上限（体积分数）/%	无意义
沸点/℃	无资料	爆炸下限（体积分数）/%	无意义
闪点/℃	无意义	自燃温度/℃	无意义
溶解性	溶于水、碱液，微溶于甲醇、丙酮、硫酸		
个人防护			
皮肤和身体	穿隔绝式防护服，戴橡胶手套		
眼睛	戴化学安全防护眼镜		
呼吸	可能接触其粉末时，建议佩戴过滤式防尘呼吸器		
设施配备	提供安全的淋浴和洗眼设备		
使用与储存			
使用注意事项	密闭操作，加强通风。远离火源、易燃物、可燃物。避免产生粉尘。避免与还原剂、活性金属粉末、酸类、醇类接触。禁止震动、撞击和摩擦		
配制方法	配制浓度 0.1mol·L^{-1} 溶液：溶解 15.80g $KMnO_4$ 固体于水中，加水稀释至 1L		
储存注意事项	1. 本品为易制毒和易制爆试剂，实行“五双”管理 2. 储存于阴凉、通风的专用库房。远离火种、热源 3. 包装密封。应与还原剂、酸类、醇类、活性金属粉末等分开存放，切忌混储		

续表

急救措施	
皮肤接触	立即脱去污染衣物，用大量流动清水彻底冲洗。就医
眼睛接触	立即分开眼睑，用流动清水或生理盐水彻底冲洗。就医
吸入	迅速脱离现场至空气新鲜处，保持呼吸道通畅。就医
食入	漱口，饮水。就医
对施救者的忠告	根据需要使用个人防护设备
消防措施	
灭火剂	本品不燃。根据着火原因选择适当灭火剂灭火
灭火注意事项及防护	消防人员必须佩戴空气呼吸器，穿全身防火防毒服，在上风向灭火。尽可能将容器从火场移至空旷处。喷水保持火场容器冷却，直至灭火结束
是否可用水灭火	是
泄漏应急处理	
防护措施和装备	建议应急处理人员戴防尘口罩，穿防毒服，戴橡胶手套。确保安全的情况下，尽可能阻断泄漏源
处置材料和方法	用洁净的工具收集泄漏物，置于容器中
环保措施	防止泄漏物进入水体或下水道
废弃处置	
处置方法	建议用安全掩埋法处置
污染包装物	将容器返还生产商或交给有资质的专业处理公司处置
废弃注意事项	处置前应参阅国家和地方有关法规

单质硫安全信息见表 4-2。

表 4-2　单质硫安全信息

基本信息			
化学品中文名称	硫	中文名称别名	硫磺
化学品英文名称	sulfur		
CAS No.	7704-34-9	UN No.	1350；2448（熔融）
分子式	S	分子量	32.06
危险性概述			
GHS 危险性分类	易燃固体，类别 2		
GHS 标签象形图			
是否易制毒/易制爆	本品是易制爆试剂。易燃固体，类别 2		
燃烧及爆炸	易燃。其粉尘或颗粒形状能与空气形成爆炸性混合物		

续表

危险反应及分解产物	与禁配物接触有发生燃烧爆炸的危险。燃烧时生成有毒气体和腐蚀性气体		
禁配物	强氧化剂、卤素、金属粉末		
健康危害	对眼、皮肤和呼吸道有刺激性，吸入粉末引起鼻炎和呼吸道炎。反复或长期接触可能引起皮炎		
环境危害	可能危害环境		
理化特性			
外观与性状	淡黄色脆性结晶或粉末，有特殊臭味		
熔点（凝固点）/℃	112.8～120	爆炸上限/(g/m^3)	1400
沸点/℃	444.6	爆炸下限/(g/m^3)	35
闪点/℃	207（CC）	自燃温度/℃	232
溶解性	不溶于水，微溶于乙醇、乙醚，易溶于二硫化碳、苯、甲苯		
个人防护			
皮肤和身体	穿一般作业防护服，戴橡胶手套		
眼睛	一般不需要特殊防护		
呼吸	一般不需要特殊防护。空气中粉尘浓度较高时，佩戴过滤式防尘呼吸器		
设施配备	提供安全的淋浴和洗眼设备		
使用与储存			
使用注意事项	密闭操作，局部排风。远离火源、易燃物、可燃物。使用防爆型通风系统和设备。避免与氧化剂接触		
配制方法	可直接使用		
储存注意事项	1. 储存于阴凉、通风的专用库房。远离火种、热源 2. 包装密封。应与氧化剂分开存放，切忌混储 3. 采用防爆型照明、通风设施		
急救措施			
皮肤接触	立即脱去污染衣物，用大量流动清水彻底冲洗。就医		
眼睛接触	立即分开眼睑，用流动清水或生理盐水彻底冲洗。就医		
吸入	迅速脱离现场至空气新鲜处，保持呼吸道通畅。就医		
食入	漱口，饮水。就医		
对施救者的忠告	根据需要使用个人防护设备		

续表

消防措施	
灭火剂	一般用雾状水或砂土灭火。实验室少量药品起火直接用灭火毯或砂土闷熄
灭火注意事项及防护	消防人员必须佩戴空气呼吸器，穿全身消防服，在上风向灭火
是否可用水灭火	是
泄漏应急处理	
防护措施和装备	建议应急处理人员戴防尘口罩，穿防静电服。确保安全的情况下，尽可能阻断泄漏源
处置材料和方法	用洁净的工具收集泄漏物，置于容器中
环保措施	防止泄漏物进入水体或下水道
废弃处置	
处置方法	建议用焚烧法处置。与燃料混合后，再焚烧
污染包装物	将容器返还生产商或交给有资质的专业处理公司处置
废弃注意事项	处置前应参阅国家和地方有关法规

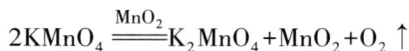

四、实验原理

（一）制取实验

$$2KMnO_4 \xlongequal{MnO_2} K_2MnO_4+MnO_2+O_2\uparrow$$

（二）性质实验

1. $S+O_2 \xlongequal{点燃} SO_2$

2. $3Fe+2O_2 \xlongequal{点燃} Fe_3O_4$

3. $C+O_2 \xlongequal{点燃} CO_2$

五、操作步骤

（一）制取实验

（1）检验装置气密性。

（2）称量 7g 高锰酸钾固体装入硬质大试管中。

（3）试管口塞一小团棉花，用带有导管的橡胶塞塞紧管口，注意导管穿过橡胶塞约 0.5cm。预热试管，然后在试管底部的药品部位集中加热。

（4）用排水法收集气体。

（二）性质实验

1. $S+O_2$

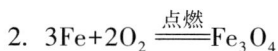

在燃烧匙里放入少量的硫，加热，直到发生燃烧，然后伸入盛有氧气的集气瓶里。

2. $3Fe+2O_2$

把光亮的细铁丝烧成螺旋状，一端系上一根火柴杆。用坩埚钳或镊子夹持。点燃火柴，待火柴烧至一半时，缓慢插入盛有氧气的集气瓶里。

火柴的作用及使用时的注意事项：①作用：引燃。②位置：点燃，平置，燃烧到一半时，缓慢伸入集气瓶。

3. $C+O_2$

将燃着的木条伸入盛有氧气的集气瓶中，木条燃烧发出白光，放出大量的热。

六、注意事项

（一）制取实验

（1）药品的取用要注意先将氯酸钾和二氧化锰分别处理成细末后再混合均匀。为避免药品沾到管口和管壁上，应使试管倾斜，把盛有药品的药匙或纸槽送入试管底部。

（2）称量前将天平调平，注意左物右码。取用药品若过量，不可倒回原试剂瓶中，需重新称量。

（3）加热试管内的药品时先预热，从药品前部向试管底部逐渐移动加热，使药品反应完全，注意试管口应略低于试管底部。

（4）在加热药品前，检验装置气密性。

（5）演示实验时，应从右往左，从下至上进行安装仪器，注意反向安装。

（6）排水法集气时先将多个集气瓶灌满水，盖上玻璃片，倒放在水槽中。当气泡连续放出时再收集氧气，瓶口出现气泡冒出时，证明集气瓶中已充满氧气。

（7）制氧气实验结束后，先撤导管后熄灭酒精灯。将仪器洗净，放回原位（图 4-1）。

图 4-1 氧气的制取实验装置

（二）性质实验

（1）硫与氧气的反应中燃烧匙要清洁干净，燃烧匙内垫一层石棉垫或石棉布，使硫和金属燃烧匙隔离。点燃硫时，将燃烧匙倾斜，硫粉对准酒精灯外焰。实验结束后，如果仍有燃着的硫，可将燃烧匙浸入准备好的水中使之熄灭。

（2）铁与氧气反应中选用细铁丝，绕成螺旋状在一端系上一根火柴杆，待火柴邻近烧完，再缓慢插入盛有氧气的集气瓶里。铁丝取出后先蘸水，避免烫伤。集气时瓶底留水

1cm 高，防止高温炸裂瓶底。勿将燃着的铁丝靠近或接触集气瓶内壁，以免炸裂集气瓶。铁丝伸入瓶中后，立即用毛玻璃片盖住瓶口，以减少氧气的损失。

（3）木炭与氧气反应实验中，应先将木炭加热至红热，再自上而下缓慢伸入集气瓶中，燃烧匙伸入集气瓶时避免接触瓶壁，伸入后立即用毛玻璃片盖住瓶口。

七、思考题

（1）选择与试管配套胶塞的标准是什么？若打孔器前端已钝，要怎样处理？在打孔前，还要怎样处理打孔器？

（2）将玻璃导管插入胶塞孔内，应先怎样处理玻璃管？导管末端伸出胶塞多长为宜？

（3）怎样检查装置的气密性？装好药品以后还要不要检查气密性？

（4）粉状药品应怎样铺放在试管底部？加热时是从前往后加热还是从后往前加热？或只加热中间部分？应当怎样加热才对？

（5）在给试管中固体药品加热时，为什么试管口略低于试管底部？铁夹应固定在试管的什么部位？

（6）在用托盘天平称量固体药品时，若托盘天平上用来调零点的零件失灵时，用什么方法可以把它调平？

（7）在点燃酒精灯前应检查些什么？

（8）为收集纯净的氧气，在用排水法收集气体时，要采取哪些措施？

（9）在用排水法收集气体时，怎么知道集气瓶中集满了气体？

（10）要较长时间地保存集气瓶中的氧气，在收集气体以前应做些什么工作？

（11）要连续收集三瓶氧气，在用排水集气法收集气体之前，应做好哪些准备工作？

（12）铁丝在氧气中燃烧剧烈并常常有熔融的四氧化三铁掉入瓶底。为保护集气瓶，在用排水法收集氧气时，应注意些什么？

（13）氧气收集完毕，有的同学先撤酒精灯，然后再把导气管撤离水槽，有的学生的操作与上面叙述的操作正好相反。哪种操作正确？为什么？

（14）做硫在氧气中燃烧的实验时，有的学生在燃烧匙里盛满硫粉，在空气中点燃后，立即伸到集气瓶中。有的学生认为这位做实验的同学缺乏思考。他在哪些方面考虑不周？

（15）做铁丝在氧气中燃烧的实验，为什么要把铁丝下端卷成螺旋状？当铁丝不太长时（除去螺旋部分仅剩下几厘米），怎么顺利完成这个实验？螺旋下端是否有必要系一火柴杆？

【课程思政案例】

各自独立发现氧气的化学家——普利斯特里和舍勒

1. 普利斯特里

1775 年 8 月 1 日普利斯特里准备用大凸透镜（或火镜）加热一种红色沉淀物水银烧渣（俗称“三仙丹”，其成分为氧化汞），目的是试图从中提取出某种“空气”。他把这种物质装满在小玻璃瓶中，当聚焦日光使之加热时，它就逐渐转变为水银（汞），同时发现有种“空气”被赶出。当普利斯特里收集这种“空气”达到所用装置容量的三四倍时，他放水进去，发现水不能被“空气”吸收，但却惊奇地看到一种难以形容的景象——那就是蜡烛在这种新“空气”中以极强烈的火焰燃烧……当时，普利斯特里真不知道怎么解释才好。受好奇心驱使，普利斯特里还尝试用老鼠和自身去体验对这种新“空气”的感觉。他发现，老鼠在这种新空气中鲜活的时间为相同容积的普通空气中的两倍。并且，取出以后还能很好地存活。颇有意思的是普利斯特里自己吸入这种新空气后，自我感觉十分良好；称自己“胸部经过好久一段时间仍感到特别轻松畅快”。因此，他还推荐可在医学方面使用这种新空气（现在人们已用吸氧或高压氧舱来治疗气体中毒和肺炎等）。普利斯特里还自我调侃地说：“谁知道将来这种纯空气能不能变成一项时髦的奢侈品呢；但到现在为止，只有两只老鼠和我有过吸入这种气体的特权。……造物主给我们准备的新空气，好到我们值得领受的地步！”如今，“氧吧”的普及及其疗效已将普利斯特里两百多年前的猜想变成了现实。

普利斯特里当时并没有认识到，自己已经发现了新的气体元素，没有用“氧气”（oxygen）这个名称，而是从燃素说的角度加以命名，采用了“脱燃气空气”予以冠名。在他看来，他只是发现了一种“特殊的空气”而已。传统燃素说的束缚，使普利斯特里最终没有认识到：在他手中已经握有了一把有希望去打开科学燃烧理论之门的钥匙。燃烧的氧化理论跟他失之交臂，令人惋惜。

2. 舍勒

跟普利斯特里同时代又可说是“同场竞技”的是瑞典实验化学家舍勒（Carl Wichelm-Scheele，1742—1786）。舍勒工作生活在化学还由错误的燃素说理论盛行和统治的时代，尽管他同普利斯特里一样笃信和拥护燃素说，但是他在实验方面作出了大量一流的化学发现。而正是这些发现所积累的实验事实，构筑成了否定燃素说、确立燃烧氧化理论的物质基础。

舍勒早期曾在瑞典各地奔波，在多处药店工作；1751 年在哥德堡做药剂师学徒，并开始研究化学；以后长期在瑞典小镇彻平从事药剂师工作，过着艰苦的平民生活。舍勒为人谦虚平和，一生经常处于穷困之中。但他经常利用余暇应用简陋的仪器，在寒冷的、条件较差的实验室中勤奋研究与探索，度过了许多漫漫长夜。由于积劳成疾，他得了哮喘病不幸于 1786 年病故，终年仅 44 岁。生命虽然短暂，但他留下的化学成果，即发现新元素化合物之多，在 18 世纪是绝无仅有的。1775 年 2 月，他被推选为瑞典科学院院士，这对于年仅 32 岁的研究人员来说是个崇高的褒奖。舍勒通过发现从无机界到有机界的多种物质而丰富了化学发现的历史，他以一个平凡而又伟大的“化学发现家”而名垂化学史册。

实验二　金属铝的性质

实验视频

一、实验目的

了解铝的活泼性质、铝的两性、铝热法还原金属的反应情况。

掌握铝热反应的安全操作。

学习铝的性质演示实验的讲解方法。

二、实验用品

1. 实验仪器

坩埚钳、酒精灯、试管、镊子、铁架台（带铁圈）、托盘天平、研钵、装有细沙的蒸发皿、试管夹、试管架。

2. 实验药品

铝片、盐酸、硫酸、硝酸、氢氧化钠、氢氧化钾、氧化铁粉末、铝粉、镁条、高锰酸钾粉末、硫粉。

3. 其他实验用品

砂纸、圆形滤纸、火柴、灭火毯、磁铁

三、实验药品安全信息

盐酸安全信息见表 4-3。

表 4-3　盐酸安全信息

基本信息			
化学品中文名称	盐酸	中文名称别名	氢氯酸
化学品英文名称	hydrochloric acid；chlorohydric acid；muriatic acid		
CAS No.	7647-01-0	UN No.	1789
分子式	HCl	分子量	36.46
危险性概述			
GHS 危险性分类	皮肤腐蚀/刺激，类别 1B；严重眼损伤/眼刺激，类别 1；特异性靶器官毒性一次接触，类别 3（呼吸道刺激）；危害水生环境-急性危害，类别 2		
GHS 标签象形图			
是否易制毒/易制爆	本品是易制毒试剂，第三类		
燃烧及爆炸	不燃		

续表

危险反应及分解产物	与强碱等禁配物发生反应。与活性金属粉末反应放出易燃气体。分解产物：氯化氢		
禁配物	碱类、胺类、碱金属		
健康危害	其蒸气或雾可致急性中毒。误服可致消化道灼伤、溃疡形成，有可能引起胃穿孔、腹膜炎等。直接接触灼伤眼和皮肤		
环境危害	毒害水生生物		
理化特性			
外观与性状	无色或微黄色发烟液体，有刺鼻的酸味		
熔点（凝固点）/℃	−114.8（纯）	爆炸上限（体积分数）/%	无意义
沸点/℃	108.6（20%）	爆炸下限（体积分数）/%	无意义
闪点/℃	无意义	自燃温度/℃	无意义
溶解性	与水混溶，溶于甲醇、乙醇、乙醚、苯，不溶于烃类		
个人防护			
皮肤和身体	穿橡胶耐酸碱服，戴橡胶耐酸碱手套		
眼睛	呼吸系统防护中已作防护		
呼吸	可能接触其烟雾时，佩戴过滤式防毒面具（全面罩）或空气呼吸器。紧急事态抢救或撤离时，建议佩戴空气呼吸器		
设施配备	提供安全的淋浴和洗眼设备		
使用与储存			
使用注意事项	密闭操作，注意通风。远离火源、易燃物、可燃物。防止蒸气泄漏。避免与碱类、胺类、碱金属接触		
配制方法	配制浓度 $0.1mol \cdot L^{-1}$ 溶液：量取 500mL 浓度为 $12mol \cdot L^{-1}$ HCl 加水稀释至 1L		
储存注意事项	1. 本品为易制毒试剂，实行“五双”管理 2. 储存于阴凉、通风的专用库房。远离火种、热源 3. 保持容器密封。应与碱类、胺类、碱金属、易（可）燃物分开存放，切忌混储		
急救措施			
皮肤接触	立即脱去污染衣物，用大量流动清水彻底冲洗。就医		
眼睛接触	立即分开眼睑，用流动清水或生理盐水彻底冲洗。就医		
吸入	迅速脱离现场至空气新鲜处，保持呼吸道通畅。就医		
食入	用水漱口，禁止催吐。给饮牛奶或蛋清。就医		
对施救者的忠告	根据需要使用个人防护设备		

续表

消防措施	
灭火剂	本品不燃。一般用水雾、抗乙醇泡沫、干粉或二氧化碳灭火
灭火注意事项及防护	实验室少量药品起火直接用灭火毯或砂土闷熄。如必要的话，戴自给式呼吸器去救火
是否可用水灭火	是
泄漏应急处理	
防护措施和装备	建议应急处理人员戴正压自给式呼吸器，穿防酸碱服，戴耐酸碱手套。确保安全的情况下，尽可能阻断泄漏源
处置材料和方法	用干燥的砂土或其他不燃材料覆盖泄漏物，或用大量水冲洗，稀释后排入废水系统
环保措施	防止泄漏物进入水体或下水道
废弃处置	
处置方法	用碱液（石灰水）中和，生成氯化钠和氯化钙，用水稀释后排入废水系统
污染包装物	将容器返还生产商或交给有资质的专业处理公司处置
废弃注意事项	处置前应参阅国家和地方有关法规

硫酸安全信息见表 4-4。

表 4-4　硫酸安全信息

基本信息			
化学品中文名称	硫酸	中文名称别名	—
化学品英文名称	sulfuric acid		
CAS No.	7664-93-9	UN No.	1830（>51%）； 2796（≤51%）
分子式	H_2SO_4	分子量	98.08
危险性概述			
GHS 危险性分类	皮肤腐蚀/刺激，类别 1A；严重眼损伤/眼刺激，类别 1；危害水生环境-急性危害，类别 3		
GHS 标签象形图			
是否易制毒/易制爆	本品是易制毒试剂，第三类		
燃烧及爆炸	不燃。浓硫酸与可燃物接触易着火燃烧		
危险反应及分解产物	与易燃或可燃物、电石、高氯酸盐、金属粉末等发生剧烈反应，有发生火灾的危险。分解产物：氧化硫		

续表

禁配物	碱类、强还原剂、易燃或可燃物、电石、高氯酸盐、硝酸盐、苦味酸盐、金属粉末等		
健康危害	对眼睛、皮肤、黏膜等组织有强烈的刺激和腐蚀作用。蒸气或雾引起呼吸道刺激，重者发生呼吸困难和肺水肿；高浓度引起喉痉挛或声门水肿而窒息死亡		
环境危害	危害水生生物		
理化特性			
外观与性状	纯品为无色透明油状液体，无臭		
熔点（凝固点）/℃	10~10.49	爆炸上限（体积分数）/%	无意义
沸点/℃	330	爆炸下限（体积分数）/%	无意义
闪点/℃	无意义	自燃温度/℃	无意义
溶解性	与水、乙醇混溶		
个人防护			
皮肤和身体	穿橡胶耐酸碱服，戴橡胶耐酸碱手套		
眼睛	呼吸系统防护中已作防护		
呼吸	可能接触其烟雾时，佩戴过滤式防毒面具（全面罩）或空气呼吸器。紧急事态抢救或撤离时，建议佩戴空气呼吸器		
设施配备	提供安全的淋浴和洗眼设备		
使用与储存			
使用注意事项	密闭操作，注意通风。远离火源、易燃物、可燃物。防止蒸气泄漏。避免与还原剂、碱类、碱金属接触。稀释或制备溶液时，应把酸加入水中，避免沸腾和飞溅		
配制方法	配制浓度 $6mol \cdot L^{-1}$ 溶液：量取 326mL 浓度为 $18.4mol \cdot L^{-1}$ 硫酸缓慢加水中并不断搅拌，稀释至 1L		
储存注意事项	1. 本品为易制毒试剂，实行“五双”管理 2. 储存于阴凉、通风的专用库房 3. 保持容器密闭。应与易（可）燃物、还原剂、碱类、碱金属、食用化学品分开存放，切忌混储		
急救措施			
皮肤接触	立即脱去污染衣物，用大量流动清水彻底冲洗。就医		
眼睛接触	立即分开眼睑，用流动清水或生理盐水彻底冲洗。就医		
吸入	迅速脱离现场至空气新鲜处，保持呼吸道通畅。就医		
食入	用水漱口，禁止催吐。给饮牛奶或蛋清。就医		
对施救者的忠告	根据需要使用个人防护设备		

续表

消防措施	
灭火剂	一般用水雾灭火器、干粉灭火器、泡沫灭火器、二氧化碳灭火器灭火，避免直接使用直流水灭火。实验室少量药品起火直接用灭火毯或砂土熄灭
灭火注意事项及防护	消防人员须佩戴携气式呼吸器，穿全身消防服，在上风向灭火
是否可用水灭火	否
泄漏应急处理	
防护措施和装备	建议应急处理人员戴携气式呼吸器，穿防静电服，戴橡胶手套。确保安全的情况下，尽可能阻断泄漏源
处置材料和方法	用砂土、活性炭或其他惰性材料吸收，用耐酸碱工具收集，置于容器中。禁止冲入下水道
环保措施	防止泄漏物进入下水道
废弃处置	
处置方法	尽可能回收利用。如果不能回收利用，采用焚烧方法进行处置。不得采用排放到下水道的方式废弃处置本品
污染包装物	将容器返还生产商或交给有资质的专业处理公司处置
废弃注意事项	处置前应参阅国家和地方有关法规

硝酸安全信息见表 4-5。

表 4-5　硝酸安全信息

基本信息			
化学品中文名称	硝酸	中文名称别名	—
化学品英文名称	nitric acid；azotic acid		
CAS No.	7697-37-2	UN No.	2031
分子式	HNO_3	分子量	63.02
危险性概述			
GHS 危险性分类	氧化性液体，类别 3；皮肤腐蚀/刺激，类别 1A；严重眼损伤/眼刺激，类别 1；危害水生环境-急性危害，类别 3		
GHS 标签象形图			
是否易制毒/易制爆	本品是易制爆试剂。氧化性液体，类别 3		
燃烧及爆炸	助燃。与可燃物混合会发生爆炸		
危险反应及分解产物	与还原剂、可燃物激烈反应，与碱激烈反应并腐蚀金属。与禁配物接触，有发生火灾和爆炸的危险。分解产物：氮氧化物		

续表

禁配物	碱类、还原剂、醇类、碱金属、铜、胺类、金属粉末、电石、硫化氢、松节油、可燃物（如糖、纤维素、木屑、棉花、稻草或废纱头等）		
健康危害	对眼睛、皮肤、呼吸道有腐蚀作用，吸入可引起急性肺水肿。长期反复接触其蒸气损伤肺、侵蚀牙齿		
环境危害	危害水生生物		
理化特性			
外观与性状	纯品为无色透明发烟液体，有酸味		
熔点（凝固点）/℃	−42（无水）	爆炸上限（体积分数）/%	无意义
沸点/℃	83（无水）	爆炸下限（体积分数）/%	无意义
闪点/℃	无意义	自燃温度/℃	无意义
溶解性	与水混溶，溶于乙醚		
个人防护			
皮肤和身体	穿橡胶耐酸碱服，戴橡胶耐酸碱手套		
眼睛	呼吸系统防护中已作防护		
呼吸	可能接触其烟雾时，佩戴过滤式防毒面具（全面罩）或空气呼吸器。紧急事态抢救或撤离时，建议佩戴空气呼吸器		
设施配备	提供安全的淋浴和洗眼设备		
使用与储存			
使用注意事项	密闭操作，注意通风。远离火源、易燃物、可燃物。防止蒸气泄漏。避免与还原剂、碱类、醇类、碱金属接触。稀释或制备溶液时，应把酸加入水中，避免沸腾和飞溅		
配制方法	配制浓度 $6mol \cdot L^{-1}$ 溶液：量取375mL浓度为 $16mol \cdot L^{-1}$ HNO_3 加水稀释至1L		
储存注意事项	1. 本品为易制爆试剂，实行“五双”管理 2. 储存于阴凉、通风的专用库房。远离火种、热源 3. 保持容器密闭。应与还原剂、碱类、醇类、碱金属分开存放，切忌混储		
急救措施			
皮肤接触	立即脱去污染衣物，用大量流动清水彻底冲洗。就医		
眼睛接触	立即分开眼睑，用流动清水或生理盐水彻底冲洗。就医		
吸入	迅速脱离现场至空气新鲜处，保持呼吸道通畅。就医		
食入	用水漱口，禁止催吐。给饮牛奶或蛋清。就医		
对施救者的忠告	根据需要使用个人防护设备		

续表

消防措施	
灭火剂	本品不燃。根据着火原因选择适当灭火剂灭火
灭火注意事项及防护	实验室少量药品起火直接用灭火毯或砂土闷熄
是否可用水灭火	是
泄漏应急处理	
防护措施和装备	建议应急处理人员穿上适当防酸碱防护服，戴防毒面具及橡胶耐酸碱手套。确保安全的情况下，尽可能阻断泄漏源
处置材料和方法	用干燥的砂土或其他不燃材料覆盖泄漏物，收集到容器中
环保措施	防止泄漏物进入水体或下水道
废弃处置	
处置方法	加入纯碱（消石灰）溶液中，生成中性的硝酸盐溶液，用水稀释后排入废水系统
污染包装物	将容器返还生产商或交给有资质的专业处理公司处置
废弃注意事项	处置前应参阅国家和地方有关法规

氢氧化钠安全信息见表 4-6。

表 4-6　氢氧化钠安全信息

基本信息			
化学品中文名称	氢氧化钠	中文名称别名	苛性钠、烧碱
化学品英文名称	sodium hydroxide；caustic soda		
CAS No.	1310-73-2	UN No.	1823；1824（溶液）
分子式	$NaOH$	分子量	40.00
危险性概述			
GHS 危险性分类	皮肤腐蚀/刺激，类别 1A；严重眼损伤/眼刺激，类别 1；危害水生环境-急性危害，类别 3		
GHS 标签象形图			
是否易制毒/易制爆	否		
燃烧及爆炸	不燃		
危险反应及分解产物	遇潮时对铝、锌和锡有腐蚀性，并放出易燃易爆的氢气。遇水和水蒸气大量放热，形成腐蚀性溶液。具有强腐蚀性。与酸类等禁配物发生反应。分解产物：氧化钠		

续表

禁配物	强酸、易燃或可燃物、过氧化物、二氧化碳、水		
健康危害	对眼睛、皮肤有强烈刺激性和腐蚀性，粉尘刺激眼和呼吸道，腐蚀鼻中隔。直接接触可灼伤眼和皮肤。误服可造成消化道灼伤、黏膜糜烂、出血和休克		
环境危害	危害水生生物		
理化特性			
外观与性状	纯品为无色透明晶体。吸湿性强		
熔点（凝固点）/℃	318.4	爆炸上限（体积分数）/%	无意义
沸点/℃	1390	爆炸下限（体积分数）/%	无意义
闪点/℃	无意义	自燃温度/℃	无意义
溶解性	易溶于水、乙醇、甘油。不溶于丙酮、乙醚		
个人防护			
皮肤和身体	穿橡胶耐酸碱服，戴橡胶耐酸碱手套		
眼睛	戴化学安全防护眼镜		
呼吸	可能接触其粉末时，必须佩戴过滤式防尘呼吸器。必要时佩戴空气呼吸器		
设施配备	提供安全的淋浴和洗眼设备		
使用与储存			
使用注意事项	密闭操作，注意通风。远离火源、易燃物、可燃物。避免产生粉尘。避免与酸类接触。稀释或制备溶液时，应把碱加入水中，避免沸腾和飞溅		
配制方法	配制浓度 $6mol \cdot L^{-1}$ 溶液：溶解 240.00g NaOH 固体于水中，加水稀释至 1L		
储存注意事项	1. 储存于阴凉、干燥、通风良好的专用库房。远离火种、热源 2. 包装必须密封，切勿受潮。应与酸类、易燃物等分开存放，切忌混储		
急救措施			
皮肤接触	立即脱去污染衣物，用大量流动清水彻底冲洗。就医		
眼睛接触	立即分开眼睑，用流动清水或生理盐水彻底冲洗。就医		
吸入	迅速脱离现场至空气新鲜处，保持呼吸道通畅。就医		
食入	用水漱口，禁止催吐。给饮牛奶或蛋清。就医		
对施救者的忠告	根据需要使用个人防护设备		

续表

消防措施	
灭火剂	本品不燃。一般用水雾、耐醇泡沫、干粉或二氧化碳灭火
灭火注意事项及防护	实验室少量药品起火直接用灭火毯或砂土闷熄。如有必要，佩戴自给式呼吸器进行消防作业
是否可用水灭火	是
泄漏应急处理	
防护措施和装备	建议应急处理人员戴防尘口罩，穿防酸碱服，戴橡胶耐酸碱手套。确保安全的情况下，尽可能阻断泄漏源
处置材料和方法	用洁净的工具收集泄漏物，置于容器中
环保措施	防止泄漏物进入水体或下水道
废弃处置	
处置方法	根据国家和地方有关法规的要求处置。或与制造商联系，确定处置方法
污染包装物	将容器返还生产商或交给有资质的专业处理公司处置
废弃注意事项	处置前应参阅国家和地方有关法规

氢氧化钾安全信息见表 4-7。

表 4-7　氢氧化钾安全信息

基本信息			
化学品中文名称	氢氧化钾	中文名称别名	苛性钾
化学品英文名称	postassium hydroxide；caustic potash		
CAS No.	1310-58-3	UN No.	1813；1814（溶液）
分子式	KOH	分子量	56.11
危险性概述			
GHS 危险性分类	急性毒性-经口，类别 4；皮肤腐蚀/刺激，类别 1A；严重眼损伤/眼刺激，类别 1；危害水生环境-急性危害，类别 3		
GHS 标签象形图			
是否易制毒/易制爆	否		
燃烧及爆炸	不燃		
危险反应及分解产物	遇水和水蒸气大量放热。与酸类等禁配物发生反应。分解产物：氧化钾		
禁配物	强酸、易燃或可燃物、二氧化碳、酸酐、酰基氯		
健康危害	本品具有强腐蚀性。粉尘刺激眼和呼吸道，腐蚀鼻中隔。皮肤和眼直接接触可引起灼伤。误服可造成消化道灼伤、黏膜糜烂、出血和休克		
环境危害	危害水生生物		

续表

理化特性			
外观与性状	纯品为白色半透明晶体，工业品为灰白、蓝绿或淡紫色片状或块状固体。易潮解		
熔点（凝固点）/℃	360~406	爆炸上限（体积分数）/%	无意义
沸点/℃	1320~1324	爆炸下限（体积分数）/%	无意义
闪点/℃	无意义	自燃温度/℃	无意义
溶解性	溶于水、乙醇。微溶于乙醚		
个人防护			
皮肤和身体	穿橡胶耐酸碱服，戴橡胶耐酸碱手套		
眼睛	戴化学安全防护眼镜		
呼吸	可能接触其粉末时，必须佩戴过滤式防尘呼吸器。必要时佩戴空气呼吸器		
设施配备	提供安全的淋浴和洗眼设备		
使用与储存			
使用注意事项	密闭操作，注意通风。远离火源、易燃物、可燃物。避免产生粉尘。避免与酸类接触。稀释或制备溶液时，应把碱加入水中，避免沸腾和飞溅		
配制方法	配制浓度 $2mol \cdot L^{-1}$ 溶液：溶解 112.22g KOH 固体于水中，加水稀释至 1L		
储存注意事项	1. 储存于阴凉、干燥、通风良好的专用库房。远离火种、热源 2. 包装必须密封，切勿受潮。应与酸类、易（可）燃物等分开存放，切忌混储		
急救措施			
皮肤接触	立即脱去污染衣物，用大量流动清水彻底冲洗。就医		
眼睛接触	立即分开眼睑，用流动清水或生理盐水彻底冲洗。就医		
吸入	迅速脱离现场至空气新鲜处，保持呼吸道通畅。就医		
食入	用水漱口，禁止催吐。给饮牛奶或蛋清。就医		
对施救者的忠告	根据需要使用个人防护设备		
消防措施			
灭火剂	本品不燃。一般用水雾、耐醇泡沫、干粉或二氧化碳灭火		
灭火注意事项及防护	实验室少量药品起火直接用灭火毯或砂土闷熄。如有必要，佩戴自给式呼吸器进行消防作业。与金属反应放出氢		
是否可用水灭火	是		

续表

泄漏应急处理	
防护措施和装备	建议应急处理人员戴防尘口罩，穿防酸碱服，戴橡胶耐酸碱手套。确保安全的情况下，尽可能阻断泄漏源
处置材料和方法	用洁净的工具收集泄漏物，置于容器中
环保措施	防止泄漏物进入水体或下水道
废弃处置	
处置方法	中和稀释后，排入废水系统
污染包装物	将容器返还生产商或交给有资质的专业处理公司处置
废弃注意事项	处置前应参阅国家和地方有关法规

四、实验原理

铝是地壳中含量最高的金属元素，是比较活泼的金属。铝接触空气或氧气，其表面会被生成的致密氧化膜覆盖，形成保护层，起着保护内部金属的作用，具有很好的抗腐蚀性能，这正是性质活泼的铝在空气中能稳定存在的原因。

$$4Al+3O_2 \xlongequal{点燃} 2Al_2O_3$$

铝是典型的两性元素，既能跟酸（如盐酸或稀硫酸）发生反应，放出氢气；也能跟强碱发生反应，生成偏铝酸盐并放出氢气，反应方程式如下：

$$2Al+6H^+ = 2Al^{3+}+3H_2\uparrow$$

$$2Al+2OH^-+2H_2O = 2AlO_2^-+3H_2\uparrow$$

在冷的浓硫酸或浓硝酸里，铝的表面会被钝化，但它能跟热的浓硫酸和浓硝酸起反应：

$$2Al+6H_2SO_4（浓）\xlongequal{\triangle} Al_2(SO_4)_3+3SO_2\uparrow+6H_2O$$

$$Al+6HNO_3（浓）\xlongequal{\triangle} Al(NO_3)_3+3NO_2\uparrow+3H_2O$$

铝粉与其他金属氧化物的混合物统称为铝热剂。将铝热剂用引燃剂点燃，反应剧烈，且放出大量的热，得到氧化铝和还原的金属（如 Fe），这被称为铝热还原法。

$$2Al+Fe_2O_3 \xlongequal{高温} Al_2O_3+2Fe$$

五、操作步骤

（一）铝与氧气反应

（1）用坩埚钳夹住一块铝片在酒精灯上加热至熔化，轻轻晃动，观察现象并记录。

（2）再取一块铝片，用砂纸打磨其表面除去氧化膜，再置于酒精灯上加热至熔化，观察现象并记录。

结论：铝的化学性质很活泼，容易与空气中的氧气反应形成致密氧化膜而稳定存在于空气中。

（二）铝和酸、碱的反应

（1）铝和酸的反应：取 2 支试管，分别加入 2mol/L 的盐酸、1mol/L 的硫酸各 2mL，然后分别加入大小相近的铝片（用砂纸打磨除去氧化膜，后面所用铝片也一样），观察实验现象。

另取 2 支试管，分别加入浓硫酸、浓硝酸各 2mL，同样加入大小相近的铝片，观察是否反应，再将两支试管置于酒精灯上加热片刻，继续观察现象。

（2）铝和碱的反应：取 2 支试管，各放入大小相近的铝片，然后分别加入 2mL 6mol/L 的氢氧化钠溶液和 6mol/L 氢氧化钾溶液，观察实验现象并记录。

结论：铝既能溶于稀盐酸和稀硫酸中，也易溶于强碱中，还能溶于热的浓硫酸和浓硝酸中，但在冷的浓硫酸及硝酸中被钝化。

（三）铝热反应

（1）把圆形滤纸折成漏斗，用水浸湿放在铁圈的泥三角上。

（2）在漏斗下放一砂盘，砂盘上放一个盛有细沙的蒸发皿。

（3）把 3.5g 铝粉和 7.5g 三氧化二铁粉末混匀后放入漏斗，再在这一混合物上堆放 0.5g 高锰酸钾，并在其中留一小穴。

（4）用滴管吸取甘油，滴加在高锰酸钾粉末的小穴中（约加 4 滴），远离实验台，观察现象。

（5）滴入甘油后约 10s，铝热剂可被引燃，火花从漏斗中高高喷起，红热熔化的铁水穿透纸漏斗到罐头盒上，盒底铁片被熔穿，铁水流到砂盘中，凝成铁块。

（6）用镁条重复上述实验（图 4-2）。

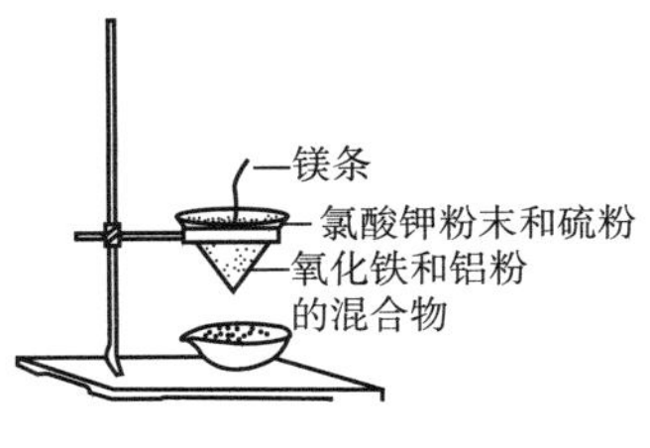

图 4-2　铝热反应实验装置

六、注意事项

（1）实验中取用铝片要用镊子，不能直接用手拿。

（2）注意加热试管前应先预热，加热时试管口不要对人。

（3）铝粉不能放置过久，被氧化的铝粉不能使用。

（4）铝热反应实验中所用试剂必须干燥。试剂烘干后，应放置冷却至室温方可混合。

（5）因为铝热反应比较猛烈，所以人应离反应装置远一些，也应避开易燃物，以免发生意外。

（6）铝是活泼金属，具有较强还原性，且氧化过程中放出足量热量，使被还原出来的金属呈熔融状态而分离出来，并且铝热反应是一个置换反应，所以只有活泼性比铝弱的金属的氧化物才可能与铝粉发生铝热反应。

七、思考题

（1）如何用实验验证铝遇浓硫酸、浓硝酸会在表面生成一层致密的 Al_2O_3 氧化膜？

（2）铝热反应中还可用哪些药品作为引燃剂？

【课外知识】

铝的发展史

古代中国人就已经用明矾净水了，古代希腊和罗马人也用明矾作染料和收殓剂。西方人把明矾叫作 alum，拉丁文的意思是“苦涩的盐”，跟硫酸镁的“泻盐”区分开。有人将碱加入明矾溶液，得到了白色的沉淀，并在煅烧后得到了白色的粉末，但当时没有人说得清楚这些粉末和明矾的关系。

1754 年，炼金术士马格拉夫发现这种白色的粉末性质和石灰完全不同，在用硫酸溶解后，蒸发掉水分，就得到了明矾的晶体，因此他推断白色粉末是其中的组分，将这种白色粉末命名为矾土，并视其为自己的独门绝技。1789 年化学家拉瓦锡和德莫乌将矾土作为化学元素，排进了他们的元素名单中，但是随后德莫乌自己否定了这一结论，他认为这种化学元素或许不是矾土本身，而是其中的组分。几十年后，化学家戴维也受到了德莫乌的启发，从电解碱中寻找新的元素，在他成功用电流分解了钠钾镁钙之后，他把目光投向了矾土、石英、锆石以及绿柱石。经过仔细的研究，他确定这几种物质中有他想要的答案：“我是多么幸运，现在已经有十足的证据证明，这中间存在我希望的找到的金属元素，我将其命名为：硅、铝、锆、铍。”然而出乎戴维意料的是，事实上他得到的只不过是铁铝合金，并不是纯净的铝。直到 1825 年，丹麦科学家奥斯特将钾溶解在水银里，并让得到的钾汞齐与无水氯化铝反应，从而得到了一团新的金属，这就是纯净的铝。就这样，一直隐藏在各类化合物中的金属铝，终于以这样的方式与人类见面了。

尽管法国化学家德维尔尝试用钠替代钾来还原氯化铝，但成本依然是普通人无法承担的。事实上，直到 19 世纪 80 年代，铝的价格都非常昂贵。

在 1855 年的巴黎博览会上，铝作为一种高贵的金属被与王冠上的宝石一同展出，标签上注明“来自黏土的白银”。

在当时，一盎司（30g）铝和普通工人一天的工资差不多。铝在实验室制备的方法主要存在两个问题：第一，还原铝的化合物是钾和钠，都是很贵的金属，本身也容易受潮，不易保存；第二，当时电力刚刚使用，电解铝需要达到 2300℃的高温，能耗很高，因此制造成本居高不下。好在很快人们发现通过加入冰晶石可以有效降低电解铝的熔点，同时西门子的发电机又大幅降低了电力成本。

1886 年美国的霍尔和法国的埃鲁分别独立发明了制铝的新工艺，这种方法被称为“霍尔—埃鲁法”，该工业化一直沿用至今。

随着铝的大规模工业化生产，铝价也逐渐随着各类应用普及开来而降低，不像刚出现时那样贵如黄金，从而为铝在航空领域的大显身手提供了充分条件。

实验三　食醋中乙酸含量的测定

一、实验目的

利用酸碱滴定法测定食醋中的醋酸含量。

掌握滴定分析方法原理。

掌握碱式滴定管、移液管、吸量管的使用方法。

二、实验用品

1. 实验仪器

碱式滴定管、移液管、容量瓶、锥形瓶、烧杯、铁架台、蝴蝶夹。

2. 实验药品

0.1mol/L 氢氧化钠标准溶液、酚酞试剂、白醋。

三、实验药品安全信息

氢氧化钠安全信息见表 4-6。

四、实验原理

氢氧化钠溶液需标定后使用：

$$C_8H_5O_4K+NaOH=\!=\!=C_8H_4O_4NaK+H_2O$$

食醋中主要成分是醋酸（CH_3COOH），常简写为 HAc，此外还含有少量其他有机弱酸，如乳酸等。当以 NaOH 标准溶液滴定时，凡是 $cKa>10^{-8}$ 的弱酸均可以被滴定，因此测出的是总酸量，但分析结果通常用含量最多的 HAc 表示。

$$CH_3COOH+NaOH=\!=\!=CH_3COONa+H_2O$$

由于这是强碱滴定弱酸，计量点时生成 CH_3COONa，溶液的 pH 大约为 8.7，故可选用酚酞作指示剂，但必须注意 CO_2 对反应的影响。食醋是液体药品，通常是量其体积而不是称其质量，因而测定结果一般以每升或每 100mL 样品所含 CH_3COOH 的质量表示，即以醋酸的密度 ρ（HAc）表示，其单位为 $g \cdot L^{-1}$ 或 g/100mL。

食醋往往有颜色，会干扰滴定，应先经稀释或加入活性炭脱色后，再进行测定。食醋中含 CH_3COOH 的质量分数一般在 3%~5%，应适当稀释后再进行滴定。

五、操作步骤

（一）NaOH 溶液的标定

（1）分析天平称取邻苯二甲酸氢钾 1.0~2.0g 于小烧杯中，加入去离子水，溶解，定容到 100mL 容量瓶中，制备邻苯二甲酸氢钾标准溶液。

（2）取邻苯二甲酸氢钾标准溶液 20.00mL 于锥形瓶中，加入两滴酚酞指示剂，使用 0.1mol/L 的氢氧化钠溶液进行标定。待溶液变为浅粉色半分钟不褪色，记录消耗氢氧化钠的体积。平行测定 3 次记录数据。

氢氧化钠浓度计算公式如下：

$$c(\mathrm{NaOH})=\frac{m(\text{邻})}{5M(\text{邻})\,V(\mathrm{NaOH})} \tag{4-1}$$

式中：c（NaOH）——NaOH 标准溶液的浓度，mol/L；

V（NaOH）——滴定时消耗 NaOH 标准溶液的体积，mL；

M（邻）——邻苯二甲酸氢钾的摩尔质量，201.22g/mol；

m（邻）——邻苯二甲酸氢钾的质量，g。

（二）食醋中总酸度的测定

用移液管吸取 10.00mL 食醋样品，放入 100mL 容量瓶中，然后用无 CO_2 的蒸馏水稀释至刻度，摇匀备用。

用移液管吸取 25.00mL 已稀释的食醋样品于 250mL 锥形瓶中，滴加 2～3 滴酚酞指示剂。

用 NaOH 标准溶液滴定到溶液呈微红色，30s 内不褪色即为终点，记录所消耗 NaOH 标准溶液的体积。平行测定 3 次，要求每次测定结果的相对平均偏差不大于 0.3%，计算食醋的总酸量 ρ（HAc），ρ（HAc）按下式计算：

$$\rho(\mathrm{HAc})=\frac{c(\mathrm{NaOH})\,V(\mathrm{NaOH})\,M(\mathrm{HAc})}{V_{\text{样}}}\times f \tag{4-2}$$

式中：$V_{\text{样}}$——滴定时所取稀释后样品的体积，mL；

c（NaOH）——NaOH 标准溶液的浓度，mol/L；

V（NaOH）——滴定时消耗 NaOH 标准溶液的体积，mL；

M（HAc）——HAc 的摩尔质量，g/mol；

f——稀释比。

六、数据记录与结果处理

数据记录与结果处理见表 4-8、表 4-9。

表 4-8　NaOH 标定实验数据记录

平行实验	（一）	（二）	（三）
称 m（邻苯二甲酸氢钾）			
取标准邻苯二甲酸氢钾溶液体积/mL			
消耗 V（NaOH）/mL			
c（NaOH）溶液的浓度/(mol/L)			

续表

平行实验	（一）	（二）	（三）
平均值（NaOH）/(mol/L)			
相对平均偏差（<0.2%）			

表 4-9　HAc 测定实验数据记录

平行实验	（一）	（二）	（三）
取稀释后 HAc 体积/mL			
消耗 V（NaOH）/mL			
平均值（NaOH）/(mol/L)			
ρ（HAc）/(g/L)			
平均值 ρ（HAc）/(g/L)			
相对平均偏差（<0.2%）			

七、思考题

（1）测定对象是什么？用什么方法、什么溶液来测定？

（2）标准溶液浓度怎样获得？

（3）选用什么基准物质？称量多少合适？

（4）测定对象需要处理吗？怎么处理？

【课外知识】

酸的种类及用途

在浩瀚的自然界与人类的智慧创造中，酸作为一种独特的化学物质，不仅广泛存在于自然界的每一个角落，更在人类的生产生活中扮演着不可或缺的角色。从温和的醋酸到强烈的硫酸，从调味品的必备到工业生产的基石，酸的种类之多、用途之广，令人叹为观止。

（1）醋酸：生活的调味师、厨房里的常客，它是食醋的主要成分。醋酸不仅赋予了食醋独特的酸味和香气，还具有一定的抗菌作用，常被用作食品保鲜剂。在烹饪中，醋酸能够去腥增香，促进食物中钙、磷等矿物质的溶解，帮助人体吸收。此外，醋酸还具有一定的美容功效，如软化角质、改善皮肤粗糙等，是许多美容产品的核心成分之一。

（2）冰醋酸：其实是醋酸的一种形态，指的是纯醋酸在低温下结晶成固态的状态。它被称为“冰”醋酸是因为在 16℃以下，纯醋酸会固化成冰状结晶。因其高纯度，主要用于实验室和工业应用，如制造合成纤维、塑料和染料。冰醋酸需要小心处理，因为其腐蚀性强，接触皮肤或眼睛可能会造成伤害。

（3）柠檬酸：天然的防腐剂。柠檬酸是一种广泛存在于柑橘类水果中的有机酸，因其天然、安全、无毒的特性，被广泛应用于食品、饮料及医药行业中。作为酸味剂，柠檬酸能增强食品的口感；作为防腐剂，它能有效延长食品的保质期；在医药领域，柠檬酸还可用作抗凝血剂、解酸药等。此外，柠檬酸还是一种重要的化工原料，在洗涤剂、清洁剂中发挥着重要作用。

（4）苦安酸：马桶尿碱尿垢水垢的克星。苦安酸是一种安全用清洁用酸，主要使用在陶瓷、PVC 管道的清洗除垢。对结垢有一定的分解、溶解力，常用于水垢、尿垢、黄垢、尿碱的溶解清洗，不伤害陶瓷和管道。较多应用在马桶的清洗上，对比草酸不刺激且除垢力更强，因此也被称为重度马桶尿碱的克星。

（5）硫酸：工业的基石。硫酸被誉为“化学工业之母”，是产量最大、用途最广的化工原料之一。在工业生产中，硫酸被用于制造化肥、农药、染料、炸药、合成洗涤剂等多种产品。此外，硫酸还是石油精炼、金属加工、纺织印染等行业的重要原料。尽管硫酸具有强烈的腐蚀性和氧化性，但其强大的化学性质正是其广泛应用的基础。

（6）盐酸：实验室的常客。盐酸是氯化氢的水溶液，具有强酸性。在实验室中，盐酸是不可或缺的试剂之一，用于酸碱滴定、金属表面处理、制备氯化物等多种实验。在工业上，盐酸主要用于金属加工、纺织印染、制药等领域。同时，盐酸还是生产氯气、氯化铵等化工产品的重要原料。

（7）硝酸：科技的先锋。火箭的燃料硝酸是一种强氧化性酸，具有极高的能量密度。在航空航天领域，硝酸常被用作火箭燃料的氧化剂，与燃料混合后产生巨大的推力，推动火箭升空。此外，硝酸还广泛应用于化肥生产、炸药制造等领域。然而，由于其强烈的腐蚀性和毒性，硝酸的储存和使用需要严格遵守安全规范。

（8）磷酸：生命的元素。磷酸是生物体内重要的物质之一，参与构成核酸、蛋白质等生物大分子。在农业上，磷酸盐肥料是提高作物产量、改善土壤质量的重要手段。此外，磷酸还广泛应用于食品工业、洗涤剂制造等领域。随着科技的进步，磷酸的回收利用和环保处理也成为了研究的热点。

综上所述，酸的种类繁多、用途广泛，既是自然界的恩赐也是人类智慧的结晶。在未来的发展中，我们需要更加深入地了解酸的性质和应用规律，充分发挥其积极作用的同时，积极应对其带来的环境挑战，共同守护我们美丽的地球家园。

实验四　胶体的制备与性质

一、实验目的

掌握胶体制备及电泳的基本技能、技巧。

培养学生研究实验、改变实验的思考方法。

二、实验用品

1. 实验仪器

铁架台、试管夹、细铜丝、直流电源、电炉、直尺、滴管 3 支、25mL 烧杯 3 只、100mL 烧杯一支、酒精灯、U 形管（内径 8~10cm）1 支、导线、10mL 量筒、玻璃棒、托盘天平。

2. 实验药品

0.1%硝酸钾溶液、尿素、2%氯化铁溶液。

3. 其他实验用品

坐标纸/直尺。

三、实验药品安全信息

硝酸钾安全信息见表 4-10。

表 4-10　硝酸钾安全信息

基本信息			
化学品中文名称	硝酸钾	中文名称别名	火硝、硝石
化学品英文名称	potassium nitrate；saltpeter		
CAS No.	7757-79-1	UN No.	1486
分子式	KNO_3	分子量	140.21
危险性概述			
GHS 危险性分类	氧化性固体，类别 3；生殖毒性，类别 2；特异性靶器官毒性-一次接触，类别 1；特异性靶器官毒性-反复接触，类别 1		
GHS 标签象形图			
是否易制毒/易制爆	本品是易制爆试剂。氧化性固体，类别 3		
燃烧及爆炸	助燃。与可燃物混合能形成爆炸性混合物		

续表

危险反应及分解产物	与禁配物接触有发生燃烧爆炸的危险。分解产物：氮氧化物、氧气		
禁配物	强还原剂、强酸、易燃或可燃物、活性金属粉末		
健康危害	对眼、皮肤和呼吸道有强烈刺激性。高浓度吸入可引起肺水肿。大量接触可引起高铁血红蛋白血症。误服可致剧烈腹痛、呕吐、血便、休克、全身抽搐、昏迷，甚至死亡		
环境危害	可能危害环境		
理化特性			
外观与性状	无色透明斜方或三方晶系颗粒或白色粉末		
熔点（凝固点）/℃	334	爆炸上限（体积分数）/%	无意义
沸点/℃	400（分解）	爆炸下限（体积分数）/%	无意义
闪点/℃	无意义	自燃温度/℃	无意义
溶解性	易溶于水，溶于甘油，不溶于无水乙醇、乙醚		
个人防护			
皮肤和身体	穿隔绝式防护服，戴橡胶手套		
眼睛	戴化学安全防护眼镜		
呼吸	可能接触其粉末时，建议佩戴过滤式防尘呼吸器		
设施配备	提供安全的淋浴和洗眼设备		
使用与储存			
使用注意事项	密闭操作，加强通风。远离火源、易燃物、可燃物。避免产生粉尘。避免与还原剂、酸类、活性金属粉末接触		
配制方法	配制浓度 0.2mol·L^{-1} 溶液：溶解 28.04g KNO_3 固体于水中，加水稀释至 1L		
储存注意事项	1. 本品为易制爆试剂，实行“五双”管理 2. 储存于阴凉、干燥、通风良好的专用库房。远离火种、热源 3. 应与还原剂、酸类、易（可）燃物、活性金属粉末等分开存放，切忌混储		
急救措施			
皮肤接触	立即脱去污染衣物，用大量流动清水彻底冲洗。就医		
眼睛接触	立即分开眼睑，用流动清水或生理盐水彻底冲洗。就医		
吸入	迅速脱离现场至空气新鲜处，保持呼吸道通畅。就医		
食入	漱口，饮水。就医		
对施救者的忠告	根据需要使用个人防护设备		

续表

消防措施	
灭火剂	本品不燃。根据着火原因选择适当灭火剂灭火
灭火注意事项及防护	实验室少量药品起火直接用灭火毯或砂土闷熄。切勿将水流直接射至熔融物，以免引起严重的流淌水灾或引起剧烈的沸溅
是否可用水灭火	否
泄漏应急处理	
防护措施和装备	建议应急处理人员戴防尘口罩，穿防毒服，戴氯丁橡胶手套。确保安全的情况下，尽可能阻断泄漏源
处置材料和方法	用洁净的工具收集泄漏物，置于容器中
环保措施	防止泄漏物进入水体或下水道
废弃处置	
处置方法	根据国家和地方有关法规的要求处置。或与制造商联系，确定处置方法
污染包装物	将容器返还生产商或交给有资质的专业处理公司处置
废弃注意事项	在规定场所掩埋空容器

四、实验原理

胶体粒子带有电荷，在外加电场的作用下，胶体粒子在分散剂里向阴极或阳极定向移动。

氢氧化铁胶体的制备原理：

利用水解原理制取氢氧化铁胶体，氯化铁水解方程式为：

$$FeCl_3+3H_2O = Fe(OH)_3\text{（胶体）}+3HCl$$

五、操作步骤

（1）将小烧杯中的50mL蒸馏水加热至沸腾，在沸腾的情况下，逐滴加入2%氯化铁溶液约7.5mL，继续煮沸1min，放冷后，加入尿素5g，搅拌使之溶解。氯化铁水解方程式为：

$$FeCl_3+3H_2O = Fe(OH)_3+3HCl$$

（2）洗净所用仪器，再用蒸馏水冲洗干净后备用。

（3）将U型管固定，用滴管吸取胶体小心地将胶体送入U型管的底部，使胶体的液面高于U型管弯曲部分1.5~2cm，然后用另一只滴管吸取硝酸钾溶液，胶头滴管的尖嘴靠U型管内壁上，轻压胶头，使硝酸钾溶液沿U型管内壁缓缓加入，左边加一点，右边加一点。直到在胶体液面上方硝酸钾溶液的液柱高1.5~2cm为止。观察胶体液面与硝酸钾溶液的接触面，清晰不混，符合要求，否则，倒掉重装。

（4）将细铜丝烧成蚊香形电极，用水润湿，插入硝酸钾溶液中，使电极下端与胶体液面相距约1.5cm。最后用硝酸钾溶液调整液面，使U型管两边的胶体液面处在同一水平面上。

（5）在 U 型管背面固定一画有直线的白纸，使直线与胶体液面处在同一水平面上。

（6）接直流电。按表中指示的程序操作。记录实验结果（表 4-11）。

表 4-11　实验结果记录表

胶体液面差	6V	12V	18V	24V
5min				
8min				

六、注意事项

（1）如果出现浑浊现象需重新制备胶体。

（2）不要用手挤胶头滴管而是轻轻地压。

（3）做同一电压下的实验时，先通电 5min 后，记录液面高度，再通电 3min，记录胶体液面差的总高度。做完以后，重装药液，重复上述实验。

七、思考题

（1）在胶体中为什么要加入尿素？加入蔗糖是否可以？加入食盐行吗？

（2）电压的变化对实验有影响吗？

（3）时间的变化对实验有什么影响？

（4）在制备胶体时，你可以采取哪些措施使实验效果更好？

【课外知识】

丁达尔效应

丁达尔效应，也称为丁达尔散射（Tyndall scattering），是由英国物理学家约翰·丁达尔于 19 世纪首先提出并研究的光学现象。当光线穿过不均匀介质时，如大气中的烟尘、水滴或胶体溶液中的微小颗粒，光线会发生散射，即光线的传播方向发生改变。这种散射现象的特点是，散射光的强度与光波长的四次方成反比，即波长越短，散射越强烈。因此，在可见光范围内，蓝光和紫光由于波长较短，散射作用最为显著，而红光和黄光则相对较弱。

丁达尔效应作为一种独特的光学现象，不仅具有深刻的物理意义，而且在日常生活和科学研究中有着广泛的应用：

（1）天气预报：通过观察天空的颜色和亮度，可以大致判断天气的状况。例如，晴朗的天空呈现出鲜艳的蓝色，而雾霾天气则呈现出灰蒙蒙的色调。此外，通过观察日出和日落时的天空颜色，也可以预测次日的天气情况。

（2）大气研究：丁达尔效应是研究大气成分、结构和变化的重要手段之一。通过测量散射光的强度和方向分布，可以了解大气中颗粒物的浓度、大小和分布情况，进而推断大气的污染程度和气候变化趋势。

(3) 医学诊断：在医学领域，丁达尔效应被广泛应用于血液分析和细胞检测等方面。通过测量血液或细胞悬液中颗粒物的散射光信号，可以了解血液成分、细胞形态和数量等信息，为疾病的诊断和治疗提供重要依据。

(4) 材料科学：在材料科学领域，丁达尔效应被用于研究材料的微观结构和性能。通过测量材料对光的散射性质，可以了解材料的内部结构和组成，进而优化材料的制备工艺和性能。

随着科学技术不断发展，人们对丁达尔效应的认识将不断加深，丁达尔效应将继续为人类社会的发展和进步做出重要贡献。

实验五 蜡烛燃烧的实验探究

一、实验目的

掌握探究实验演示与讲解方法。

二、实验用品

1. 实验仪器

烧杯（100mL，2 个，干燥）、酒精灯、玻璃片。

2. 实验药品

梯形铝片、制备二氧化碳和氧气的装置药品、澄清石灰水。

3. 其他实验用品

蜡烛（大、小）、火柴、剪刀。

三、实验原理

蜡烛是人们日常生活中经常使用的一种物品，蜡烛的燃烧也是生活中的一种常见现象。蜡烛通常由烛身和烛芯两部分构成。现代使用的蜡烛烛身的主要成分通常为石蜡，烛芯的主要成分通常为棉线。点燃蜡烛时，人们先引燃棉线，棉线上吸附着石蜡，在受热情况下变为石蜡蒸气，燃烧形成火焰。石蜡是几种高级烷烃的混合物，主要成分为正二十二烷（$C_{22}H_{46}$）和正二十八烷（$C_{28}H_{58}$），完全燃烧产物是二氧化碳和水。

四、操作步骤

（一）证明蜡烛燃烧现象中既有物理变化又有化学变化

（1）点燃蜡烛，取一干冷小烧杯罩在蜡烛火焰上方，观察现象。

（2）另取一小烧杯，在烧杯内壁均匀涂上少量石灰水，罩在蜡烛火焰上方，观察实验现象。

（3）熄灭蜡烛，迅速点燃火柴，靠近蜡烛熄灭时产生的余烟，观察现象。

（二）对蜡烛完全燃烧与不完全燃烧的探究

完全燃烧是指燃烧物中的碳、氢、硫等元素燃烧后分别生成二氧化碳、水、二氧化硫等，转变成一氧化碳等不完全燃烧产物的比例非常小，可忽略不计时的燃烧现象。用镊子或试管夹夹住玻璃片盖在燃烧蜡烛的火焰上方，观察实验现象（图 4–3）。

（三）对蜡烛火焰温度的探究

将火柴棍水平放入蜡烛燃烧的火焰中片刻，取出火柴后迅速吹灭火焰，观察现象。

根据火柴棍被烧灼的程度可以证明蜡烛火焰分为焰心、内焰、外焰三层，且三层温度逐层递增（图 4-4）。

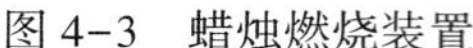

图 4-3　蜡烛燃烧装置

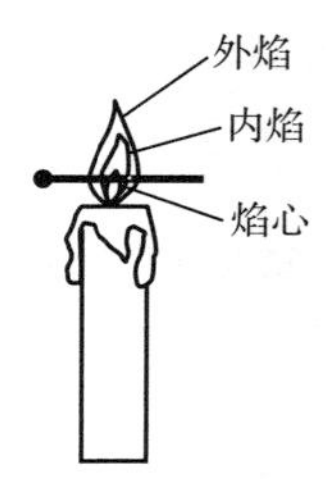

图 4-4　蜡烛火焰温度探究示意图

（四）蜡烛在不同环境中燃烧的现象比较

制备一集气瓶氧气，点燃两支同样规格的蜡烛，将其中一支伸入集气瓶中，观察实验现象。

制备一集气瓶二氧化碳气体，点燃两支同样规格的蜡烛，将其中一支伸入集气瓶中，观察实验现象。将两支蜡烛固定在阶梯状铝片上，点燃后如图 4-5 放在烧杯中，向烧杯内倾倒二氧化碳气体，观察实验现象。本实验常用于证明二氧化碳比空气重，请判断本实验是否达到了实验目的。

图 4-5　蜡烛燃烧环境实验示意图

五、思考题

（1）为什么用火柴不能将烛身直接点燃，你的分析是什么？怎样设计实验证明你的想法？

（2）你认为通过对操作步骤（一）的观察学生就能得出蜡烛燃烧产物是二氧化碳和水这个结论吗？学生对操作步骤（一）的现象可能会有其他解释吗？你能想办法解除学生的疑惑吗？

（3）很多中学生对蜡烛火焰的温度感兴趣。那么蜡烛燃烧火焰的焰温比酒精灯的高还是低呢？为什么？你能用多少种方法获得这个信息？

【课程思政案例】

中国催化剂之父——闵恩泽

在中国有这样一位以毕生精力从事催化剂研究的化学家，他叫闵恩泽（1924—2016），中国科学院、中国工程院、第三世界科学院院士、2007年度国家最高科学技术奖获得者、我国炼油催化应用科学的奠基者，为我国催化剂事业和绿色能源事业发展作出了巨大贡献，被誉为“中国催化剂之父”。

1946年，闵恩泽毕业于中央大学化学工程系（重庆），1948年至1951年留学美国并获得美国俄亥俄州立大学博士学位，后加入芝加哥纳尔科化学公司从事科研工作。虽然闵恩泽已在美国过上了优裕的生活，但他始终心怀祖国，寻求回国机会。1955年，闵恩泽夫妇冲破美国政府的层层阻挠，绕道香港回到祖国。闵恩泽回国后在石油工业部北京石油炼制研究所工作。

20世纪50年代末至60年代初，闵恩泽刻苦钻研，打破了国外技术上的层层封锁，参加并指导完成了移动床催化裂化小球硅铝催化剂，流化床催化裂化微球硅铝催化剂，铂重整催化剂和固定床烯烃叠合磷酸硅藻土催化剂制备技术的消化吸收再创新和产业化，满足了国家在燃油方面的急需。在他的领导和参与下，中国建成了兰州、长岭、抚顺、锦州等地的催化剂厂和车间，为中国石化事业奠定了发展基础，因此他也被誉为中国炼油催化应用科学的奠基人。

闵恩泽在科研领域的成就，推动中国炼油催化剂事业实现了跨越式发展。20世纪70年代，闵恩泽成功地指导开发了Y-7型低成本半合成分子筛催化剂，他还指导研发渣油裂化、钼镍磷加氢等催化剂，这些炼油工业第二代催化剂的成功研发，使中国炼油催化剂水平迎头赶上世界先进水平，其中“ZRP-1分子筛的开发”被评为1995年中国十大科技成就之一。在该项研究成果的基础上，我国成功开发了重油催化裂解制取低碳烯烃新工艺（DCC），实现了石油炼制向石油化工的延伸。闵恩泽因此被称为中国石油化工技术创新的先行者。

2007年，83岁的闵恩泽获得中国国家最高科学技术奖。

闵恩泽点石成金，释放科学技术能量，根源在于他对创新的专注，也在于他对科研人才梯队的培养。他鼓励创新，从不在思想上束缚学生；他甘为人梯，倾注毕生心血，为我国的石油化工研究培养了一批批科研人才；他淡泊名利，关爱后辈成长，2013年设立了“闵恩泽能源化工奖基金”。为了纪念他对石化事业的卓越贡献，2010年9月23日，国际小行星中心发布公报，将中国科学院国家天文台发现的第30991号小行星命名为“闵恩泽星”。

实验六　硫酸铜晶体的制备

实验视频

一、实验目的

巩固溶解度的概念。

熟悉掌握从溶液中培养大晶体的原理和方法，制备硫酸铜晶体。

学习硫酸铜晶体制备的演示和讲解方法。

二、实验用品

烧杯、温度计、酒精灯、量筒、玻璃棒、尼龙线、胆矾。

三、实验原理

晶体的特征之一是具有规则的几何外形。本实验要从溶液中培养硫酸铜大晶体。

图 4-6 为硫酸铜溶液溶解度和过饱和曲线，其中 BB′是溶解度曲线，曲线下方为不饱和区，在此区域内无晶体析出，因此又称为稳定区。BB′上方为过饱和区。CC′曲线是过饱和曲线，此线上方为不稳定区，将此区域里的溶液稍加振荡或在其中投入某种物质就会析出大量的晶体。两线之间的区域为准稳定区，在此区域内，晶体可以缓慢生长成大块的具有规则外形的晶体。

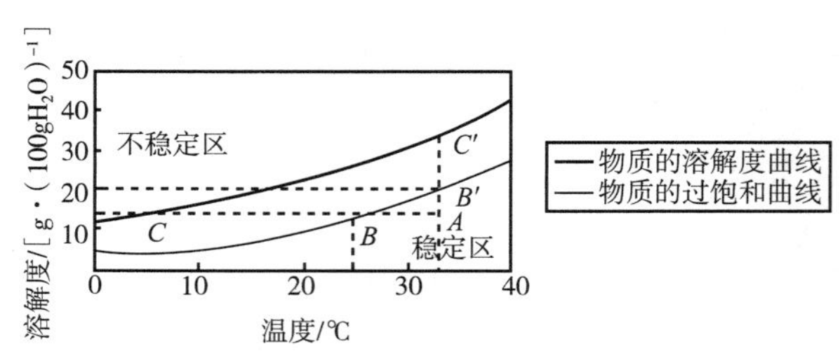

图 4-6　硫酸铜溶液溶解度和过饱和曲线

由此可见，要从不饱和溶液中得到晶体有两种重要途径：一是由 $A \rightarrow B \rightarrow C$ 途径制取，保持溶液的浓度不变，降低温度，即冷却法；二是由 $A \rightarrow B' \rightarrow C'$ 途径制取，保持温度不变，蒸发溶剂使溶液浓度增大，即蒸发法。

以上两种方法均可使溶液从稳定区进入不稳定区，从而析出晶体。但是，在不稳定区，晶体析出的速度快，晶粒多，但晶体很小。要想得到外形完美规则的大晶体，应使溶液处于准稳定区，让晶体慢慢生长。

此外，从溶液中培养某种盐的大晶体，可先制得晶种（较透明的小晶体），然后把晶种植入饱和溶液中培养。晶种的生长受溶液的饱和度、温度、湿度及时间等因素影响，必须控制好一定条件，使饱和溶液缓慢蒸发，才能获得满意的大晶体。

四、操作步骤

（一）晶种的制备

（1）选用纯净的胆矾放入洁净的烧杯中，加蒸馏水并加热煮沸，配制成饱和溶液。然后把一根尼龙线悬于溶液中间。加盖防止灰尘进入，静置1~2d。

（2）把尼龙线上结晶出来的较小、不规则的晶体去掉，挑出一块较大的、晶形完整的晶体作为晶种备用。注意晶种的每一个面都必须整齐光滑。

（二）大晶体的培养

（1）将其余的晶体连同取出晶种后的溶液加热，不断搅拌至晶体全部溶解，并持续加热一小段时间。

（2）将溶液冷却至30~40℃，若溶液析出晶体，过滤晶体，再重新加热；若没有饱和则需加入胆矾再加热，直至把溶液配成30~40℃的澄清饱和溶液。注意：把母液配成30~40℃的溶液，有利于晶体快速长大，不利于晶体在室温升高时溶解。

（3）把晶种轻轻吊在饱和溶液中并处于溶液中间，静置不动，加盖防止灰尘进入，如图4-7所示。

（4）多次重复（1）~（3），直至得到满意的蓝色、透明晶亮的硫酸铜大晶体。

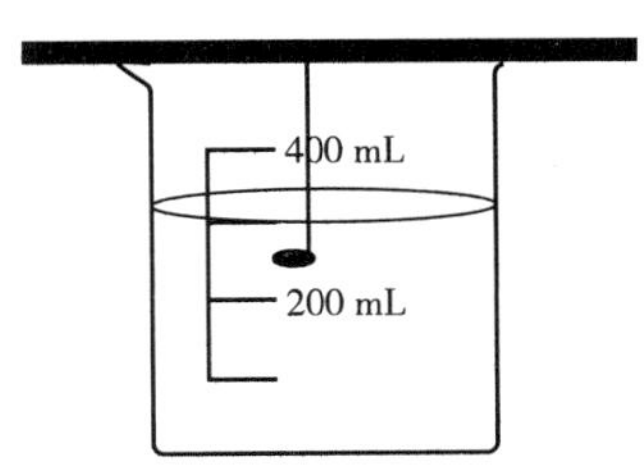

图4-7　大晶体的培养

五、注意事项

（1）必须选用纯净的胆矾晶体和蒸馏水配制溶液，且容器要十分洁净。

（2）降温速度越慢越有利于生成大晶体。

（3）静置时间应足够长。

（4）晶体生长过程中不要有扰动，最好是为盛溶液的烧杯加盖。

（5）晶体析出过程中不得加热，只能让溶剂自然挥发。

六、思考题

（1）“晶种的制备”中为什么要把一根尼龙线悬于溶液中间，有何优点？

（2）“大晶体的培养”中，若饱和溶液中的晶种长出一些小晶体或在烧杯底部出现少量晶体时，对大晶体的培养有何影响？应如何处理？

（3）溶液饱和度太高或太低，对生成大晶体有何影响？

【课外知识】

波尔多液由来

波尔多液是一种无机铜素杀菌剂，其有效成分的化学组成是 $CuSO_4 \cdot xCu(OH)_2 \cdot yCa(OH)_2 \cdot zH_2O$。它是由硫酸铜（$CuSO_4$）、生石灰（CaO）和水按不同比例配制成的天蓝色胶状悬浊液。

法国的波尔多盛产葡萄，“波尔多葡萄酒”驰名天下。1878 年，名为“霜霉病”的植物病害狂扫波尔多城，许多葡萄园很快变得枝叶凋零，面临危机。园主们心急如焚，却无计可施。

一位细心的大学植物学教授米亚尔代（Pierre-Marie-Alexis Millardet）却发现了怪事，公路旁的葡萄树郁郁葱葱，丝毫未受到霜霉病的伤害。他经过观察发现这些葡萄树从叶到茎都洒了一些蓝白相间的东西，经打听，才知是园主为防馋嘴的过路人偷吃而洒的“毒药”，其由熟石灰与硫酸铜溶液混合配制而成，目的是使葡萄变蓝、变苦。于是米亚尔代在杜扎克酒庄进行了试验，发现这的确是对付霜霉的好农药，并在 1885 年将他的发现公之于众，推荐使用波尔多液来对抗霜霉病。从此，波尔多地区又变成了“葡萄园世界”。同时这种农药以“波尔多液”命名，广泛流传于世界。

波尔多液本身并没有杀菌作用，当它喷洒在植物表面时，由于其黏着性而被吸附在作物表面。而植物在新陈代谢过程中会分泌出酸性液体，加上细菌在入侵植物细胞时分泌的酸性物质，使波尔多液中少量的碱式硫酸铜转化为可溶的硫酸铜，从而产生少量铜离子（Cu^{2+}），Cu^{2+}进入病菌细胞后，使细胞中的蛋白质凝固。同时 Cu^{2+}还能破坏其细胞中某种酶，因而使细菌体中代谢作用不能正常进行。这两种作用使细菌中毒死亡。

波尔多液为铜制剂，而铜在环境中移动性差、不可降解、易在土壤中大量积累。施用波尔多液将导致果园土壤铜原始沉积量增加，其使用对土壤污染将产生积累性污染影响。农作物和土壤铜污染会对生物体和人类健康产生严重危害。

实验七　空气中二氧化碳含量的测定

一、实验目的

了解测定空气中二氧化碳含量的简便方法。

二、实验用品

1. 实验仪器

50mL 注射器、胶帽、烧杯。

2. 实验药品

浓氨水、酚酞试液、蒸馏水。

三、实验药品安全信息

氨溶液安全信息见表 4-12。

表 4-12　氨溶液安全信息

基本信息			
化学品中文名称	氨溶液	中文名称别名	氨水
化学品英文名称	ammonia water；aqua ammonia；ammonia；aqueous solution		
CAS No.	1336-21-6	UN No.	2672（含氨量高于 10%，但不超过 35%）；2073（含氨量高于 35%，但不超过 50%）；3318（含氨量>50%）
分子式	H_5NO	分子量	35.06
危险性概述			
GHS 危险性分类	皮肤腐蚀/刺激，类别 1B；严重眼损伤/眼刺激，类别 1；特异性靶器官毒性--一次接触，类别 3（呼吸道刺激）；危害水生环境-急性危害，类别 1		
GHS 标签象形图			
是否易制毒/易制爆	否		
燃烧及爆炸	易燃，其蒸气能与空气形成爆炸性混合物。包装容器受热可发生爆炸		
危险反应及分解产物	与禁配物接触可发生危险反应。分解产物：氨		
禁配物	酸类、铝、铜		
健康危害	对眼、皮肤和呼吸道有强烈刺激和腐蚀作用。可致眼和皮肤灼伤		
环境危害	对水生生物毒性非常大		

续表

理化特性			
外观与性状	无色透明液体，有强烈的刺激性臭味		
熔点（凝固点）/℃	-77	爆炸上限（体积分数）/%	无
沸点/℃	38	爆炸下限（体积分数）/%	无
闪点/℃	无	自燃温度/℃	无
溶解性	溶于水、乙醇		
个人防护			
皮肤和身体	穿防酸碱工作服，戴橡胶手套		
眼睛	呼吸系统防护中已做防护		
呼吸	可能接触其蒸气时，应该佩戴过滤式防毒面具（全面罩）		
设施配备	提供安全的淋浴和洗眼设备		
使用与储存			
使用注意事项	严加密闭，提供充分的局部排风和全面通风。远离火源、易燃物、可燃物。防止蒸气泄漏。避免与金属粉末、酸类接触		
配制方法	配制浓度 6mol·L^{-1} 溶液：用量筒量取 405mL 浓度 14.8mol·L^{-1} 氨水加水稀释至 1L		
储存注意事项	1. 储存于阴凉、通风良好的专用库房。远离火种、热源 2. 保持容器密封。应与酸类、金属粉末分开存放，切忌混储		
急救措施			
皮肤接触	立即脱去污染衣物，用大量流动清水彻底冲洗。就医		
眼睛接触	立即分开眼睑，用流动清水或生理盐水彻底冲洗。就医		
吸入	迅速脱离现场至空气新鲜处，保持呼吸道通畅。就医		
食入	用水漱口，禁止催吐。给饮牛奶或蛋清。就医		
对施救者的忠告	根据需要使用个人防护设备		
消防措施			
灭火剂	一般用水或砂土灭火。实验室少量药品起火直接用灭火毯或砂土闷熄		
灭火注意事项及防护	消防人员须佩戴空气呼吸器，穿全身耐酸碱消防服，在上风向灭火		
是否可用水灭火	是		

续表

泄漏应急处理	
防护措施和装备	建议应急处理人员戴正压自给式呼吸器，穿防酸碱服，戴橡胶手套。确保安全的情况下，尽可能阻断泄漏源
处置材料和方法	用干燥的砂土或其他不燃材料吸收或覆盖，用适当的工具收集泄漏物，置于容器中
环保措施	防止泄漏物进入水体或下水道
废弃处置	
处置方法	用水稀释，加盐酸中和后，排入下水道
污染包装物	将容器返还生产商或交给有资质的专业处理公司处置
废弃注意事项	无

四、实验原理

酚酞是溶液酸碱性的指示剂，其变色范围为 pH 8.2～10.0，在碱性溶液中酚酞显红色，在酸性或中性溶液中显无色。氨水呈弱碱性，在稀氨水中滴加少量酚酞试液，溶液呈浅红色。

配制一定浓度的氨水并滴加少量酚酞试液（此时溶液呈浅红色），向其中通入二氧化碳气体，二氧化碳能够与氨水发生以下反应：

$$CO_2+2NH_3 \cdot H_2O = (NH_4)_2CO_3$$

$$CO_2+(NH_4)_2CO_3+H_2O = 2NH_4HCO_3$$

因此，随着二氧化碳气体的通入，溶液的 pH 逐渐降低。当溶液的 pH 降至 8 左右时，溶液突然由红色变为无色。

根据上述原理，在相同体积相同浓度的氨水（滴有少量酚酞试液）中，通入不同时间不同地点的空气（其中二氧化碳气体的含量不同），那么根据反应所消耗空气的体积，通过对比，可以测定空气中二氧化碳气体的相对含量。

五、操作步骤

（1）将 1～2 滴浓氨水滴入 500mL 蒸馏水中，制成稀氨水，然后再滴入 1～3 滴酚酞试液，使溶液呈淡红色，密封保存。

（2）用 50mL 注射器吸入上述溶液 10mL，在测定地点抽气到 50mL 刻度处（抽气约 40mL），用胶帽堵住注射器吸入口，用力振荡 2～3min，然后将注射器吸入口向上，小心地将余气排出（不要排出已经吸收了气体的液体）。

重复上述操作：抽气、振荡，如此反复进行，直到红色恰好褪去为止。

（3）用同样的方法在空旷地段测定大气中 CO_2 含量。记录抽气次数。

（4）将测定的数据记录于表 4-13 中，并用空旷地段空气中二氧化碳的含量（体积分数以 0.033%计）作为比较标准，计算出各测定地点空气中二氧化碳的体积含量（抽气次数和空气中二氧化碳的体积含量成反比）。

表 4-13 实验结果记录表

编号	取样地点	取样时间	抽气次数	空气中二氧化碳的体积含量
1	空旷地段			
2				

六、注意事项

（1）选择的地段可以是：除二氧化碳外没有其他酸性污染气体如二氧化硫等排放的学校操场、海边、山顶、学校通风较好的教室、刚下课后门窗紧闭的教室、通风不好长时间开大会的会场、树木较多的野外、种植花草或蔬菜的温室或植物园等。

选择的室外取样时间可以是：白天、夜晚、清晨。

（2）以上各地点空气中二氧化碳的体积含量需测定者在同一取样时间段重复测定三次以上，取平均值（当然也可以是几个人同时测定，取平均值）。

（3）实验中所用的酚酞和氨水的混合液必须取自同一试剂瓶。

【课程思政案例】

中国环保事业的守望者——曲格平

人们对化学、化工和材料等工业领域的误解或歪曲，一方面是由于人们对化学缺乏全面的认识。另一方面，随着人们生活水平的不断提高，对生存环境的要求也越来越高，也越来越意识到可持续发展对人类未来的重要性，这说明人们的环保意识在提升，“绿水青山就是金山银山”的环保观念正在深入人心。为推动中国的环保事业，党和国家做了大量的工作，一代代的环保人为此也作出了重大贡献，曲格平就是这样的人。

曲格平被称为中国环保第一人，他被视为中国环保事业的开拓者、奠基者和领导者，也是中国环保管理机构的创建者，为中国的环境保护事业作出了杰出贡献。

曲格平 1930 年 6 月出生于山东肥城的一个偏僻的小山村。12 岁以前，曲格平的大部分时光都是在家乡的山林里度过，青山绿水不但滋养了祖祖辈辈，也温暖了他的童年。1962 年，他回到了久别的故乡，故乡的破败和污浊的环境让他痛心不已，“与自然和谐共处，把美好还给人间”像一颗种子种在了他的心间。曲格平的环保事业起步于一项临时性的工作分工，1969 年，党中央成立了“国务院计划起草小组”这一临时机构，曲格平调至该小组负责环保工作，从此开始了他长达五十年的环保之路。在改革开放初期，伴随着经济发展速度大幅增长，环境保护面临着前所未有的压力，如何在不影响经济发展的情况下做好环境保护工作是一个大问题。当时中国的环境保护工作还处于摸着石头过河的阶段，曲格平经过多年的论证，大胆提出了在经济建设、城乡建设和环境建设三个方面的

"同步发展方针"。这是我国环境保护建设当中的一个重大进展，也是一个很重要的政策思路。因为曲格平在中国特色环境管理政策方面的突出贡献，1987 年联合国环境规划署授予他"联合国环境规划署金质奖章"这项最高荣誉。

曲格平把一生都奉献给了中国的环境保护事业。为了推动环境保护工作的可持续发展，结合中国的国情和自身环境保护的经验，他先后发表论文数十篇；为了提高环境保护事业的全民参与程度，他自掏奖金，组建了中国环境保护方面的第一个基金会——中华环境保护基金会，并设立了中国环境保护的最高奖"中华环境奖"；为了鼓励高校积极开展环境保护等相关研究，他在北京大学、山东大学、中国环境管理干部学院设立了"曲格平奖学金"；为了让保护环境有法可依，他积极构建中国的环境保护法律体系，并参与了中国大部分环保法规的制定。

曲格平在环境保护方面的贡献，获得了国内外的一致认可。1992 年他荣获"笹川国际环境奖"，1999 年他荣获了日本国际"蓝色星球奖"，这两个奖项都是国际环境领域的最高奖项。

实验八　银镜反应

实验视频

一、实验目的

了解银镜反应的微观机制，掌握银镜反应的操作。
学习银镜反应演示与讲解方法。

二、实验用品

1. 实验仪器
量筒、试管、烧杯、酒精灯、铁架台、温度计。
2. 实验药品
0.2mol/L 硝酸银、4%氨水、0.3mol/L 葡萄糖溶液、2.5mol/LNaOH 溶液。
3. 其他用品
试管架、石棉网。

三、实验药品安全信息

氢氧化钠安全信息见表 4-6。
氨溶液安全信息见表 4-12。
硝酸银安全信息见表 4-14。

表 4-14　硝酸银安全信息

基本信息			
化学品中文名称	硝酸银	中文名称别名	—
化学品英文名称	silver nitrate；lunar caustic		
CAS No.	7761-88-8	UN No.	1493
分子式	$AgNO_3$	分子量	169.88
危险性概述			
GHS 危险性分类	氧化性固体，类别 2；皮肤腐蚀/刺激，类别 1B；严重眼损伤/眼刺激，类别 1；危害水生环境-急性危害，类别 1；危害水生环境-长期危害，类别 1		
GHS 标签象形图			
是否易制毒/易制爆	本品是易制爆试剂。氧化性固体，类别 2		
燃烧及爆炸	助燃。与可燃物混合能形成爆炸性混合物		

续表

危险反应及分解产物	与禁配物接触有发生燃烧爆炸的危险。受热分解生成有毒烟雾。分解产物：氮氧化物		
禁配物	强还原剂、强碱、氨、醇类、镁、易燃或可燃物		
健康危害	对眼、皮肤和呼吸道有腐蚀性。误服可引起剧烈腹痛、呕吐、血便，甚至胃肠道穿孔。长期接触会出现全身性银质沉着症		
环境危害	严重危害水生生物且毒害影响长期持续		
理化特性			
外观与性状	无色透明的斜方结晶或白色的结晶，有苦味		
熔点（凝固点）/℃	212	爆炸上限（体积分数）/%	无意义
沸点/℃	444（分解）	爆炸下限（体积分数）/%	无意义
闪点/℃	无意义	自燃温度/℃	无意义
溶解性	易溶于水、氨水、甘油，微溶于乙醚		
个人防护			
皮肤和身体	穿隔绝式防毒服，戴橡胶手套		
眼睛	戴化学安全防护眼镜		
呼吸	可能接触其粉末时，建议佩戴过滤式防尘呼吸器		
设施配备	提供安全的淋浴和洗眼设备		
使用与储存			
使用注意事项	密闭操作，加强通风。远离火源、易燃物、可燃物。避免产生粉尘。避免与还原剂、醇类、碱类接触		
配制方法	配制浓度 $0.1mol \cdot L^{-1}$ 溶液：溶解 16.98g $AgNO_3$ 固体于水中，加水稀释至 1L		
储存注意事项	1. 本品为易制爆试剂，实行“五双”管理 2. 储存于阴凉、通风的专用库房。远离火种、热源 3. 包装必须密封，切勿受潮。避免光照。应与易（可）燃物、还原剂、碱类、醇类、食用化学品等分开存放，切忌混储		
急救措施			
皮肤接触	立即脱去污染衣物，用大量流动清水彻底冲洗。就医		
眼睛接触	立即分开眼睑，用流动清水或生理盐水彻底冲洗。就医		
吸入	迅速脱离现场至空气新鲜处，保持呼吸道通畅。就医		
食入	用水漱口，禁止催吐。给饮牛奶或蛋清。就医		
对施救者的忠告	根据需要使用个人防护设备		

续表

消防措施	
灭火剂	本品不燃。根据着火原因选择适当灭火剂灭火
灭火注意事项及防护	实验室少量药品起火直接用灭火毯或砂子闷熄。切勿将水流直接射至熔融物，以免引起严重的流淌火灾或引起剧烈的沸溅
是否可用水灭火	否
泄漏应急处理	
防护措施和装备	建议应急处理人员戴防尘口罩，穿防毒服，戴氯丁橡胶手套。确保安全的情况下，尽可能阻断泄漏源
处置材料和方法	用洁净的工具收集泄漏物，置于容器中
环保措施	防止泄漏物进入水体或下水道
废弃处置	
处置方法	根据国家和地方有关法规的要求处置。或与制造商联系，确定处置方法
污染包装物	将容器返还生产商或交给有资质的专业处理公司处置
废弃注意事项	处置前应参阅国家和地方有关法规

四、实验原理

银镜反应指的是还原银离子，生成的银附着在试管壁上，形成银镜的过程。

1. 银氨溶液

硝酸银通足量氨气（或者氨水）制银氨溶液，得到的是氢氧化银和硝酸铵，两者不反应：

$$AgNO_3+NH_3 \cdot H_2O \xlongequal{} AgOH\downarrow+NH_4NO_3$$

氢氧化银很快分解为氧化银，氧化银也是白色沉淀：

$$2AgOH \xlongequal{} Ag_2O+H_2O$$

反应生成的络合物 $Ag(NH_3)_2OH$ 化学性质比较稳定，不与硝酸铵反应，只能与醛类和具有还原性的糖类反应：

$$Ag_2O+4NH_3 \cdot H_2O \xlongequal{} 2Ag(NH_3)_2OH+3H_2O$$

银氨溶液是硝酸盐的氨水溶液，通常又叫多伦试剂，是一种弱氧化剂，其化学式写作 $Ag(NH_3)_2OH \cdot xH_2O$。

2. 银镜反应

硝酸银与氨水生成的银氨溶液中含有氢氧化二氨合银，是一种弱氧化剂，它能把乙醛氧化成乙酸（即—CHO 被氧化成—COOH），乙酸又与生成的氨气反应生成乙酸铵，而银离子被还原成金属银。

由于生成的金属银附着在容器内壁上，光亮如镜，故称为银镜反应。

乙醛与银氨溶液反应的化学方程式：

$$CH_3CHO+2Ag(NH_3)_2 2OH \xrightarrow{\triangle} CH_3COONH_4+2Ag\downarrow+3NH_3+H_2O$$

（化合态银被还原，乙醛被氧化）

甲醛与银氨溶液反应的化学方程式：

$$HCHO+4Ag(NH_3)_2OH \xrightarrow{\triangle} (NH_4)_2CO_3+4Ag\downarrow+6NH_3+2H_2O$$

甲醛（可看作有两个醛基）被氧化成碳酸铵（$(NH_4)_2CO_3$）。因为氨气极易溶于水，所以不标气体逸出符号“↑”。

苯甲醛与银氨溶液的反应方程式：

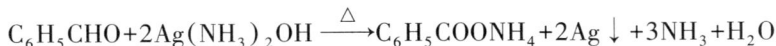

$$C_6H_5CHO+2Ag(NH_3)_2OH \xrightarrow{\triangle} C_6H_5COONH_4+2Ag\downarrow+3NH_3+H_2O$$

葡萄糖与银氨溶液的反应方程式（体现出葡萄糖内部的结构以及断键情况）：

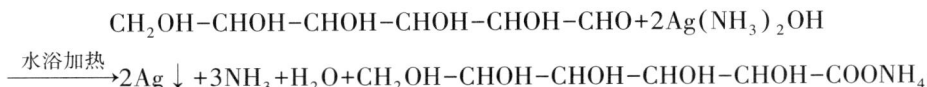

$$CH_2OH-CHOH-CHOH-CHOH-CHOH-CHO+2Ag(NH_3)_2OH$$

$$\xrightarrow{\text{水浴加热}} 2Ag\downarrow+3NH_3+H_2O+CH_2OH-CHOH-CHOH-CHOH-CHOH-COONH_4$$

五、操作步骤

（一）水浴加热法

（1）在试管中加入 5mL 0.2mol/L 硝酸银溶液。

（2）向硝酸银溶液中滴加氨水至沉淀恰好消失，再向试管中加入 2.5mL 0.3mol/L 葡萄糖溶液。

（3）将盛有混合液的试管置于 80℃ 水浴中加热，1min 左右出现现象明显的银镜。

（二）常温下的银镜反应

（1）向试管 A 中加入 5mL 2%硝酸银溶液，向硝酸银溶液中滴加 4%氨水至沉淀恰好消失。

（2）向试管 B 中加入 2.5mL 0.3mol/L 葡萄糖溶液，随后滴加 8～10 滴 2.5mol/L NaOH 溶液，振荡，混合均匀。

（3）将 A、B 两试管中溶液混合，常温下 10s 内将会产生明显的银镜。

六、注意事项

（1）配制银氨溶液时注意试剂滴加顺序，防止氨水过量，且要现用现配。

（2）试管内壁应保持洁净，如有油污则无法形成银镜，可先用热的强碱溶液洗涤试管，除去油污。

（3）必须用水浴加热，不能用酒精灯直接加热。

（4）加热时不能振荡或摇动试管，要静置以形成完整的银镜。

（5）实验完毕，试管内的银氨溶液要及时处理，先加入少量盐酸，倒去混合液后再用少量稀硝酸洗去银镜，并用水洗净。

七、思考题

（1）有哪些影响银镜反应实验成功的因素？

（2）银镜反应中为什么用银氨溶液而不用硝酸银溶液？

（3）水浴加热是实验操作的一个条件，若常温下可否发生银镜反应？

（4）实验成功的指标是什么含义？

（5）影响实验成功的因素一般指的是什么？

【课外知识】

镜子与水银的化学故事

说起镜子，也有它的历史。在3000多年前，我们的祖先就开始使用青铜镜子。历史上杰出的政治家唐太宗李世民有句名言："人以铜为镜，可以正衣冠；以古为镜，可以见兴替；以人为镜，可以知得失。"这里所说的"以铜为镜"指的便是青铜镜。在描写花木兰替父从军的木兰辞里，有一句是："当窗理云鬓，对镜帖花黄。"这镜也是指青铜镜。从青铜镜到玻璃镜，经历了一段漫长而又有趣的历史。在300多年前，威尼斯是世界玻璃工业的中心。最初威尼斯人用水银制造玻璃镜，这种镜子是在玻璃上紧紧粘一层"锡汞齐"。威尼斯的镜子轰动了欧洲，成为一种非常时髦的东西。当时会制造玻璃镜的国家，只有威尼斯，而且制造方法也是保密的。按照他们的法律，不论是谁，如果把制造玻璃镜的秘密泄露出去，就处以死刑。政府还下了命令，把所有的镜子工厂，都搬到木兰诺孤岛上。孤岛处于严密的封锁中，不让人接近。然而，制造水银镜子毕竟太费事了，要整整花一个月工夫，才能做出一面。而且，水银又有毒，镜面又不太亮。后来德国化学家李比希发明了镀银的玻璃镜，并一直沿用至今。一提到镀银，也许你会以为玻璃镜上的这层银是靠电镀镀上去的。实际上根本用不着电，人们是利用一种特别有趣的化学反应——"银镜反应"镀上去的。为了使镜子耐用，通常在镀银之后，还在后面刷上一层红色的保护漆。这样银层就不易剥落了。原来，镜子背面发亮的东西不是水银，是银。

中国古代镜子的发展史

镜子在中国古代有着悠久的发展史，距今已有几千年的历史。史前时期，古人使用的是抛光的碑石或者水面来反射光线，这是古代镜子的原型；商周时期的镜子多为铜质，形状为圆形或长方形，表面经过抛光，呈现出一定的光泽；汉朝时期铜镜大量流传，这时的镜子除了用于照面之外，还被用来算日影，也就是通过观察镜中的影子来判断时间；魏晋时期出现了银镜，它不仅抛光程度更高，光泽更加明显，而且用起来更加方便；唐代后期和宋代初期出现了锡镜，它比银镜更加轻便，比铜镜更加厚实，表面镀着一层亮银，表面平整光滑，呈现出很好的反光效果，这时的镜子形状也更加丰富多样，包括圆形、椭圆形、八角形、方形等；元代出现了非常独特的"透镜"，它既可以放大物体，也可以实现照面；明清时期镜子制作更加技术化，不仅有锡镜、银镜等单一材质的镜子，还有镀银玻璃镜等复合材料的镜子，呈现出更加精美的外观和更加细腻的反光效果。现代时期随着现代技术的不断进步，镜子的种类和用途也不断扩展，出现了各种形状和风格的镜子，如方镜、圆镜、梳妆镜、化妆镜等，同时还出现了各种功能性镜子，如夜视镜、防紫外线镜、智能化镜子、虚拟现实镜子、人脸识别镜子等。

总之，中国古代镜子的发展历程是一个进步和创新的过程，它不仅是一种具有实用价值的物品，也体现了古代人们对美的追求和对高科技制造工艺的不断探索。镜子不仅让人们看到自己的影像，也让人们看到自己的历史和文化。

实验九　维生素 C 的提取和含量的测定

一、实验目的

学习维生素 C 的提取和含量的测定的演示及如何引导学生开展实验探究证实假设。

通过引导学生发现问题、观察实验，归纳总结维生素 C 的性质及含量测定方法。

熟练掌握滴定分析的规范操作和注意事项。

二、实验用品

研钵、组织匀浆器、吸量管、抽滤设备、离心机、滤纸、容量瓶、滴定管、锥形瓶。

2%草酸溶液、1%草酸溶液、2，6-二氯酚靛酚、标准抗坏血酸溶液（1mg/mL）、水果、蔬菜。

三、实验原理

维生素 C 又叫抗坏血酸，是不饱和多羟基化合物，属于水溶性维生素。它分布很广，在许多水果、蔬菜中的含量更为丰富。维生素 C 具有很强的还原性。还原型抗坏血酸能还原染料 2，6-二氯酚靛酚（DCIP），本身则氧化为脱氢型。在酸性溶液中，2，6-二氯酚靛酚呈红色，还原后变为无色。因此，当用此染料滴定含有维生素 C 的酸性溶液时，若维生素 C 尚未被全部氧化，则滴下的染料立即被还原成无色。一旦溶液中的维生素 C 被全部氧化，则滴下的染料立即使溶液变成粉红色。所以，当溶液从无色变成微红色时即表示溶液中的维生素 C 刚好全部被氧化，此时即为滴定终点。若无其他杂质干扰，样品提取液所还原的标准染料量与样品中所含还原型抗坏血酸量成正比。

四、操作步骤

（一）标准抗坏血酸溶液（1mg/mL）的配制

准确称取 100mg 纯抗坏血酸（应为洁白色，如变黄则不能使用）溶于 1%草酸溶液中，并稀释至 100mL，贮于棕色瓶中，冷藏。最好临用前配制。

（二）0.1% 2，6-二氯酚靛酚溶液配制

称取 250mg 2，6-二氯酚靛酚溶于 150mL 含有 52mg $NaHCO_3$ 的热水中，冷却后加水稀释至 250mL，贮于棕色瓶中冷藏（4℃），约可保存一周。每次临用时，以标准抗坏血酸溶液标定。

（三）提取

水洗干净待测的新鲜蔬菜或水果，用纱布或吸水纸吸干表面水分。然后称取 20g，加入 10~20mL 2%草酸，研磨成浆状，抽滤，合并滤液，滤液总体积定容至 50mL，或者研

磨后以2%草酸洗涤离心（4000r/min，10min）2~3次，合并上清液于50mL容量瓶中，定容至刻度。

（四）标准液滴定

准确吸取标准抗坏血酸溶液1mL置100mL锥形瓶中，加9mL 1%草酸，以0.1% 2，6-二氯酚靛酚溶液滴定至淡红色，并保持15s不褪色，即达终点。由所用染料的体积计算出1mL染料相当于多少毫克抗坏血酸（取10mL 1%草酸作空白对照，按以上方法滴定）。

（五）样品滴定

准确吸取滤液两份，每份10mL，分别放入2个锥形瓶内，滴定方法同前。另取10mL 1%草酸作空白对照滴定。

（六）数据处理

$$维生素C含量（mg/100g样品）=\frac{(V_A-V_B)\times C\times T\times 100}{D\times W}$$

式中：V_A——滴定样品所耗用的染料的平均毫升数，mL；

V_B——滴定空白对照所耗用的染料的平均毫升数，mL；

C——样品提取液的总毫升数，mL；

D——滴定时所取的样品提取液毫升数，mL；

T——1mL染料能氧化抗坏血酸毫克数，由操作（四）计算出，mg；

W——待测样品的重量，g。

五、注意事项

（1）某些水果、蔬菜（如橘子、西红柿等）浆状物泡沫太多，可加数滴丁醇或辛醇。

（2）整个操作过程要迅速，防止还原型抗坏血酸被氧化。滴定过程一般不超过2min。滴定所用的染料不应小于1mL或多于4mL，如果样品含维生素C太高或太低时，可酌情增减样液用量或改变提取液稀释倍数。

（3）本实验必须在酸性条件下进行。在此条件下，干扰物反应进行得很慢。

（4）2%草酸有抑制抗坏血酸氧化酶的作用，而1%草酸无此作用。

（5）干扰滴定因素有以下几点。

若提取液中色素很多时，滴定不易看出颜色变化，可用白陶土脱色，或加1mL氯仿，到达滴定终点时，氯仿层呈现淡红色。

Fe^{2+}可还原二氯酚靛酚。对含有大量Fe^{2+}的样品可用8%乙酸溶液代替草酸溶液提取，此时Fe^{2+}不会很快与染料起作用。

样品中可能有其他杂质还原二氯酚靛酚，但反应速度均较抗坏血酸慢，因而滴定开始时，染料要迅速加入，而后尽可能半滴半滴地加入，并不断摇动锥形瓶直至样品呈粉红色，于15s内不消退，则达到滴定终点。

【课外知识】

维生素 C 的故事——从发现到应用，一段人类健康的传奇

维生素 C 是一种水溶性维生素，化学命名为 L-（+）-苏阿糖型 2，3，4，5，6-五羟基-2-己烯酸-4-内酯，又名 L-抗坏血酸，分子式为 $C_6H_8O_6$，分子量为 176. 12。维生素 C 通常是片状，有时是针状的单斜晶体，无臭，味酸，易溶于水，具有很强的还原性。其参与机体复杂的代谢过程，能促进生长和增强对疾病的抵抗力，可用作营养增补剂、抗氧化剂，也可用作小麦粉改良剂。但维生素 C 的过量补充对健康无益，反而有害，故需要合理使用。维生素 C 在实验室用作分析试剂，如作还原剂、掩蔽剂等。

16 世纪末、17 世纪初，正值帝国主义开拓殖民地的时代，荷兰和西班牙纷纷向海外派出大批船队，船员在海洋中因缺乏维生素 C 而死亡者，每年数以万计。有一次，一支西班牙帆船在海上漂浮，人们前去发现全船 25 人，均死于坏血病。后来另一支船队的船员在濒临死亡之际，漂浮到一个有印第安人居住的岛上，经印第安人用树叶汁救活而免于死亡，此时人们才开始意识到维生素与人体的密切关系，这个事实引起了人们的普遍关注。

1922 年，圣捷尔吉（Albert Szent-Györgyi）到荷兰工作，开始研究水果的氧化变色问题（如苹果切开后表面会变成黄褐色）。他发现卷心菜里含有一种物质能防止这种发黄，另外在动物的肾上腺中也含有类似物质，于是他就研究如何从水果和动物的肾上腺中提取这种物质。1927 年，圣捷尔吉应邀到英国伦敦化学家 Frederick Gowland Hopkins 的实验室工作。在那里，他忙着从动植物组织里提取这种物质，并通过实验得出了化学经验式 $C_6H_8O_6$。起初他并不知道这种物质就是维生素 C，定名己糖醛酸（L-Ascorbinsäurc）。

1929 年，圣捷尔吉到美国的 Mayo 医院做研究，附近的屠宰场免费提供给他大量牛副肾，他从中分离出了更多的维生素 C，但是也只有 25g。他将其中的一半送给英国的糖类化学家 Walter H. Haworth 进行分析，可惜那时技术不成熟，Haworth 没有能确定其结构。

1930 年，圣捷尔吉回到匈牙利，他发现当地的一种辣椒含有大量的己糖醛酸。他最终成功地从辣椒中分离出 1kg 纯的己糖醛酸，并再送一批给 Haworth 分析。Haworth 终于确定了维生素 C 的正确化学结构。后来，Tillmans，Vedder，Harris 等也自各种食品中提取到了维生素 C。1933 年，维生素 C 开始人工合成。

1937 年，因为对维生素 C 和人体内氧化反应的研究，圣捷尔吉获得了诺贝尔生理学或医学奖。

实验十　阿司匹林药片中有效成分的探究

实验视频

一、实验目的

掌握滴定操作原理及注意事项。

学会定量实验的讲授和演示方法。

二、实验用品

1. 实验仪器

研钵、试管、胶头滴管、移液管、洗耳球、酸式滴定管、250mL 锥形瓶、酒精灯、小烧杯、石棉网。

2. 实验药品

阿司匹林药片、石蕊溶液、NaOH 标准溶液、HCl 标准溶液、$NaCO_3$ 溶液、$FeCl_3$ 溶液、稀硫酸、酚酞溶液。

三、实验药品安全信息

盐酸、硫酸、氢氧化钠安全信息见表 4-3、表 4-4 和表 4-6。

四、实验原理

阿司匹林药片中的有效成分是乙酰水杨酸（$C_9H_8O_4$），结构简式为：

COOH　O‖OCCH$_3$

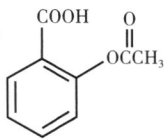

乙酰水杨酸中的酚羟基被乙酰基保护，不能直接与 $FeCl_3$ 溶液反应，水解后得到游离的酚羟基可与 $FeCl_3$ 溶液反应。乙酰水杨酸在酸性或碱性条件下可以水解为水杨酸或水杨酸钠。但是，用酸水解后，直接滴加 $FeCl_3$ 并不能直接显色，这是因为紫色的铁配合物在中性或弱酸性条件下才可显现紫色，所以需要向体系中滴加碳酸钠，以中和多余的酸。

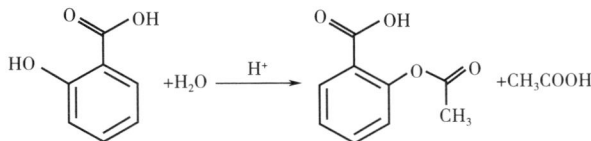

$$+H_2O \xrightarrow{H^+} \quad +CH_3COOH$$

乙酰水杨酸（分子质量 180. 16）是一种有机弱酸，为白色晶体，熔点 143℃，微溶于水，易溶于乙醇等有机溶剂。

阿司匹林药片中一般都添加一定量的赋形剂，如硬脂酸镁、淀粉等不溶物质，不能直接滴定，可采取返滴定法测定阿司匹林药片中的乙酰水杨酸的含量。返滴定法是指先加入一定量且过量的标准溶液，使被测物质反应完全后，再用另一种滴定剂滴定剩余的标准溶液，从而计算被测物质的量的滴定分析方法。若滴定反应速率缓慢、滴定固体物质反应不能立即完成或者没有合适的指示剂时，可采用返滴定法进行测定。

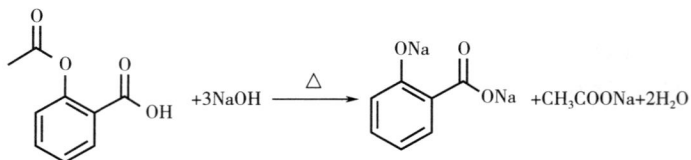

O O OH +3NaOH $\xrightarrow{\triangle}$ ONa O ONa $+CH_3COONa+2H_2O$

五、操作步骤

（一）阿司匹林中有效成分的检验

（1）样品处理：将一片阿司匹林研碎，溶解于适量水中，制成浊液，静置后取用清液。

（2）官能团的检验。①取两支洁净的试管，分别向其中加入 2mL 阿司匹林清液，待用。②向其中一支试管中逐滴加入几滴石蕊溶液。③向另一只试管中滴加 0.1mol/L Na_2CO_3 溶液，将溶液在酒精灯上加热片刻后，滴入 2 滴 0.1mol/L $FeCl_3$ 溶液，振荡，再滴入 2 滴稀硫酸，振荡。

（二）阿司匹林中有效成分含量的测定

（1）样品处理：将药片放入锥形瓶中，用移液管加入 25mL 0.1mol/L NaOH 标准溶液，加热一段时间使其完全水解。

（2）滴定：加入 2 滴酚酞指示剂，用 0.1mol/L 盐酸标准溶液滴定过量的氢氧化钠，滴定至溶液由红色恰好变为无色即为终点，记录数据。

（3）数据处理。

六、思考题

（1）在阿司匹林药片有效成分的检验实验中，需要逐滴加入 Na_2CO_3 溶液，为什么？

（2）在实验中，你是怎样检验阿司匹林中存在酯基的？这使你对检验官能团的方法有哪些新的认识？

（3）请你结合阿司匹林中乙酰水杨酸含量的测定实验，总结用返滴定法进行含量测定的基本思路及需要注意的问题。

（4）讨论导致本实验误差的主要原因及减小误差的方法。

【课程思政案例】

屠呦呦与青蒿素的世纪缘分

2015 年，中国女科学家屠呦呦获得了诺贝尔生理学或医学奖，开创了中国科学家在本土进行科学研究获得诺贝尔奖的先河。这一奖项是中国科学界迄今为止获得的最高奖项，也是中医药成果的最高奖项。

疟疾，中国俗称“打摆子”，是经按蚊（anopheles）叮咬或输入带疟原虫者的血液而感染疟原虫所引起的虫媒传染病，广泛流行于世界各地，是全球关注的重大公共卫生问题之一。据世界卫生组织统计，青蒿素发现之前，全球约 90 多个国家和地区处于疟疾高度和中度流行状态，每年发病人数为 1.5 亿，死于疟疾的人数超过 200 万人。

屠呦呦和研究团队的攻关路径是“从中医药中寻找抗疟新药”。2000 多个方药，190 多次失败，屠呦呦走的是爱迪生式的试错之路。屠呦呦的学生王满元回忆，2002 年看到屠呦呦的一本笔记本，这本扉页上写着“向雷锋同志学习”的笔记，成稿于 20 世纪 60 年代末 70 年代初，当时屠呦呦刚刚接手中国抗疟疾药物研发的“523 项目”，在科研资料不易得的情况下，很多中药信息只能从各地学校革委会的传阅材料中收集。每每获得，她就抄录其中，纤毫必录。用了 3 个月时间，她收集了包括内服、外用、植物、动物、矿物在内的 2000 多个方药，对其中 200 多种中草药和 380 多种提取物进行筛查。

屠呦呦在筛选对象中发现有一味中草药叫青蒿。青蒿属菊科，一年生草本植物。中国人应用它治病由来已久。东晋（公元 3~4 世纪）葛洪所著的《肘后备急方》中关于青蒿的记载给屠呦呦带来了灵感，她组织提取青蒿的有效成分，前后总计做了 190 次实验，都没有成功。“当年我面临研究困境时，又重新温习中医古籍，进一步思考葛洪《肘后备急方》有关‘青蒿一握，以水二升渍，绞取汁，尽服之’的截疟记载。”屠呦呦在瑞典首都斯德哥尔摩卡罗林斯卡医学院演讲时说，“这使我联想到提取过程可能需要避免高温，由此改用低沸点溶剂的提取方法。”《肘后备急方》再次给屠呦呦以灵感，也给她和她的团队带来了成功。1971 年 9 月，屠呦呦设计了第 191 次试验方法，改用低温化学萃取，用乙醚回流或冷浸，而后用碱溶液除掉酸性部位的方法制备样品。1971 年 10 月 4 日，屠呦呦终于找到了青蒿乙醚中性提取物，即标号 191#的样品。青蒿乙醚中性提取物抗疟药效的突破，是发现青蒿素的关键。屠呦呦和她的团队成功了。

屠呦呦说：“中国医药学是一个伟大宝库，青蒿素正是从这一宝库中发掘出来的。中西医药各有所长，二者有机结合，优势互补，具有更大的开发潜力和发展前景。”中药的成分复杂，有效成分不明确，这是一个不争的事实。而随着科技的发展，中药的有效成分可以利用先进的化学方法分离出来，如膜分离技术、离子交换技术和电子渗析技术等。化学学科为中药的科学发展和合理应用提供了良好的技术基础。将化学与中药结合，用化学方法去研究博大精深的中药药方，揭开中药成分的神秘面纱，使中药更加科学化和可控化，让中药在治疗疾病中发挥出更大的作用。化学与中药结合必将为解决全球医疗难题提供更多的中国智慧和中国方案。

实验十一　彩色叶脉书签的制作

一、实验目的

了解彩色叶脉书签的制作方法，巩固化学实验基本操作。

探究本实验的最佳方案，并进行活动设计。

二、实验用品

1. 实验仪器

大烧杯、玻璃棒、三脚架、石棉网、塑封机、酒精灯、托盘、镊子、牙刷、各种颜料（或彩色笔）、细绳。

2. 实验药品

10%氢氧化钠（或3.5%氢氧化钠与2.5%碳酸钠的混合液）、3%双氧水。

3. 其他用品

火柴。

三、实验药品安全信息

氢氧化钠安全信息见表4-6。

过氧化氢安全信息见表4-15。

表4-15　过氧化氢安全信息

基本信息			
化学品中文名称	过氧化氢	中文名称别名	双氧水
化学品英文名称	hydrogen peroxide		
CAS No.	7722-84-1	UN No.	2014（20%≤含量<40%）；2015（含量≥40%）
分子式	H_2O_2	分子量	34.02
危险性概述			
GHS危险性分类	氧化性液体，类别1；急性毒性-经口，类别4；急性毒性-吸入，类别4；皮肤腐蚀/刺激，类别1A；严重眼损伤/眼刺激，类别1；特异性靶器官毒性-一次接触，类别3（呼吸道刺激）；危害水生环境-急性危害，类别3		
GHS标签象形图			

续表

是否易制毒/易制爆	本品是易制爆试剂。①含量≥60%，氧化性液体，类别 1；②20%≤含量<60%，氧化性液体，类别 2；③8%<含量<20%氧化性液体，类别 3		
燃烧及爆炸	助燃，与可燃物反应放出大量热量和氧气而引起着火爆炸		
危险反应及分解产物	与禁配物接触有发生燃烧爆炸的危险。分解产物：氧气，水		
禁配物	易燃或可燃物、强还原剂、铜、铁、铁盐、锌、活性金属粉末		
健康危害	对呼吸道有强烈刺激性。眼直接接触液体可致不可逆损伤甚至失明。皮肤接触引起灼伤		
环境危害	危害水生生物		
理化特性			
外观与性状	无色透明液体，有微弱的特殊气味		
熔点（凝固点）/℃	−0.4	爆炸上限（体积分数）/%	无意义
沸点/℃	150.2	爆炸下限（体积分数）/%	无意义
闪点/℃	无意义	自燃温度/℃	无意义
溶解性	溶于水、乙醇、乙醚。不溶于苯、石油醚		
个人防护			
皮肤和身体	穿隔绝式防护服，戴橡胶手套		
眼睛	呼吸系统防护中已做防护		
呼吸	可能接触其蒸气时，应该佩戴过滤式防毒面具（全面罩）		
设施配备	提供安全的淋浴和洗眼设备		
使用与储存			
使用注意事项	密闭操作，全面通风。远离火源、易燃物、可燃物。防止蒸气泄漏。避免与还原剂、活性金属粉末接触		
配制方法	配制浓度 6%溶液：量取 30%H_2O_2 200mL 加入水中，稀释至 1L		
储存注意事项	1. 本品为易制爆试剂，实行“五双”管理 2. 储存于阴凉、干燥、通风的专用库房。远离火种、热源 3. 包装必须完整密封。应与易（可）燃物、还原剂、活性金属粉末等分开存放，切忌混储		

续表

急救措施	
皮肤接触	立即脱去污染衣物，用大量流动清水彻底冲洗。就医
眼睛接触	立即分开眼睑，用流动清水或生理盐水彻底冲洗。就医
吸入	迅速脱离现场至空气新鲜处，保持呼吸道通畅。就医
食入	用水漱口，禁止催吐。给饮牛奶或蛋清。就医
对施救者的忠告	根据需要使用个人防护设备
消防措施	
灭火剂	本品不燃。根据着火原因选择适当灭火剂灭火
灭火注意事项及防护	实验室少量药品起火直接用灭火毯闷熄。容器突然发出异常声音或出现异常现象，应立即撤离。禁止用砂土压盖
是否可用水灭火	是
泄漏应急处理	
防护措施和装备	建议应急处理人员戴正压自给式呼吸器，穿防腐蚀、防毒服，戴橡胶手套。确保安全的情况下，尽可能阻断泄漏源
处置材料和方法	用大量水冲洗，稀释后排入废水系统
环保措施	防止泄漏物进入水体或下水道
废弃处置	
处置方法	经水稀释后，发生分解放出氧气，待充分分解后，把废液排入废水系统
污染包装物	将容器返还生产商或交给有资质的专业处理公司处置
废弃注意事项	处置前应参阅国家和地方有关法规

四、实验原理

叶脉由纤维素构成，非常坚韧，能构成各种形状如网状、扇形、弧形等结构，以支持叶片，在碱液中不易煮烂，而叶脉四周的叶肉在碱液中容易煮烂。选取具网状脉的植物叶片（建议选用桂花树叶），用氢氧化钠等碱溶液加热煮沸，可以水解掉叶肉等部分，仅剩下网状脉，再利用双氧水的强氧化性将叶脉漂白，一件精美的叶脉书签便制作成功了。

实验装置和不同形状的叶脉如图 4-8 所示。

五、操作步骤

（1）将 10%NaOH（或 3.5% NaOH 和 2.5%Na_2CO_3 的混合液），倒入大烧杯（或烧锅）中，把烧杯放在石棉网上，用酒精灯加热溶液至近沸。将洗干净的叶子放入烧杯中，继续加热，不时用玻璃棒轻轻拌动，使各叶分离。煮到叶子熟透，树叶变色，叶肉酥烂时，用镊子小心取出叶片，静放在盛有清水的玻璃杯中。

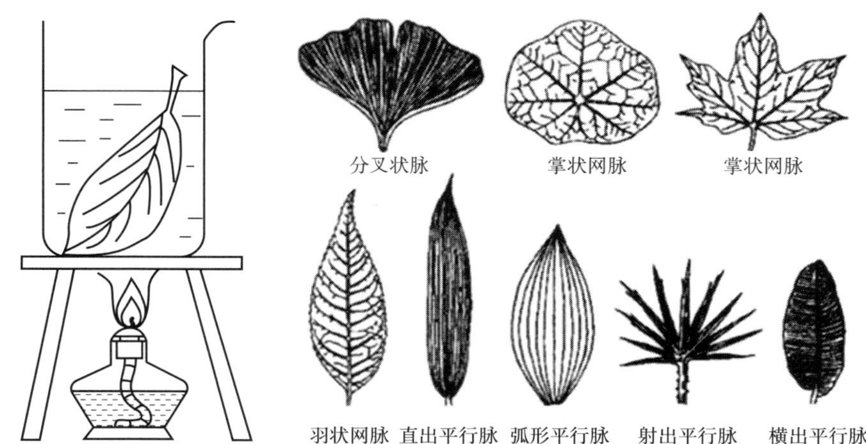

图 4-8 实验装置和不同形状的叶脉

（2）从清水中取出叶片，展开放在纱布或放在托盘中，用牙刷毛在流水中轻轻地刷叶子，叶子上的叶肉就会不断地脱落（注意不要将叶脉刷断），直到露出白色叶脉。若还有颜色，还可以将叶脉浸入 3%的双氧水中 24h，使它们变成纯白色，再取出叶片，用清水洗净，沥去水滴。

（3）将白色叶脉置于各种染料中染色装饰。用彩色笔涂上水彩颜料（也可浸在彩色墨水中染色）。然后用清水进行冲洗以去除叶表面的浮色。晾干后，将叶脉片放在旧书或旧报纸中压干、压平，塑封，然后在叶柄上系上一条彩色的丝带，就做成美观的书签了。

六、注意事项

（1）树叶采摘要注意选择新鲜的、具有网状脉的、叶脉清晰完整的、坚韧的植物叶子，如广玉兰叶、桂花树叶、樟树叶、榛树叶、茶树叶、珊瑚树叶、桑树叶、椴树叶、枫树叶、杨树叶等。采集时要将叶柄一起摘下。

（2）用牙刷毛在流水中刷叶子时注意要特别小心，不要将叶脉刷断，用过的药液可保存在空容器中，以便下次再用，一般药液可循环使用 4~5 次。

（3）如加工处理叶子过多，可换大烧杯，水和氢氧化钠应按 10%的比例进行配制。

七、思考题

（1）叶脉书签的制作过程中，要注意哪些实验安全？如果没有上述药品或仪器，你能完成叶脉书签的制作吗？说明你的方案。

（2）根据本实验的内容，设计一节跨学科实践活动课。

【课外知识】

荷叶效应与超疏水材料

《爱莲说》是北宋理学家周敦颐创作的散文。这篇文章歌颂了荷花坚贞的品格，也表现了周敦颐高洁的人格和洒落的胸襟。

“水陆草木之花，可爱者甚蕃。晋陶渊明独爱菊。自李唐来，世人甚爱牡丹。予独爱莲之出淤泥而不染，濯清涟而不妖，中通外直，不蔓不枝，香远益清，亭亭净植，可远观而不可亵玩焉。”

“出淤泥而不染”是千古名句，歌颂了荷花的风节和气度，寄托了作者本人对理想人格的肯定和追求。从现代科技的视角看，荷花的这种自洁性不是文人墨客主观赋予的，而是有其科学的客观依据。

20世纪70年代，德国化学家威廉·巴特洛特（Wilhelm Barthlott）等人揭示了荷叶表面结构的秘密，他们发现荷叶表面的微纳结构是形成“自洁效应”的根本原因。荷叶表面具有微米级的乳突，乳突上有纳米级的蜡晶物质，这种微纳米级的粗糙结构可以大幅度提高水滴在其上的接触角，导致水滴极易滚落。这一现象被称为“荷叶效应”，超疏水表面最初的灵感就来源于“荷叶效应”。超疏水性是一种特殊的润湿性，一般指水滴在固体表面呈球状，接触角大于150°，滚动角小于10°。通过对荷叶表面微观结构的进一步研究，微纳米级复合结构被认为是获得人工超疏水表面的关键。

为了获得多功能化超疏水表面，研究者又相继发现了多种仿生材料，其典型性研究有：实现飞檐走壁的壁虎脚部，呈现疏水—亲水交替界面的沙漠甲虫背部，可以轻盈地在水面上行走的水黾脚部等。随着仿生超疏水表面的发展，研究者进一步报道了抗反射和光学透明的仿生蝉翅膀，仿生蝴蝶翅膀的定向黏附性，具有干式防雾性能的仿生蚊虫复眼，具有高黏附力超疏水状态的“花瓣效应”，仿生鱼鳞状超疏水表面在水下的自清洁特性和减阻功能，可实现低摩擦流体运输的仿生槐叶萍超疏水表面，仿生杨树叶高反射超疏水白色涂层，仿生蛤蜊壳高能无机涂层在水下具有低黏附力的超疏水状态，仿生超疏水企鹅羽毛的抗冻效果等。

通过模拟自然界植物、动物表面的浸润性特点，微纳结构的构建及其低表面能物质（如硅氧烷和含氟材料等）的修饰依旧是现阶段制备人工超疏水表面并加以应用的主要方法。由于自清洁、油水分离、抗腐蚀、防结冰及防雾等特性，这样的材料应用广泛。①应用于装备，提升装备的防腐蚀、防生物附着、防冰和自清洁能力。在防腐蚀方面，超疏水材料可以阻断水分与金属材质的接触，从而缓解舰艇水线以上部分的氧化腐蚀。在防生物附着方面，超疏水材料可以有效防止海洋生物在舰船表面的附着，可以作为舰船防污涂料。在防冰方面，超疏水涂层因具有能耗低、适用范围广、环境友好等优点而在航空、舰船、电力、通信、能源等领域的防结/覆冰雪方面显示出潜在的工程应用前景。在自清洁方面，超疏水材料表面的特殊微纳米结构使污染物在材料表面的黏附力降低，同时超疏水材料的防水特性可使表面的水滴滚落时带走污染物，保持材料表面的清洁。②应用于服装加工，提升人员防护能力。超疏水（超疏油）布料可应用于各类防水透气型工作服和新型生化防护服。例如，防水透气型服装是士兵及潜水人员的专用服装，该类服装在温度为20℃的冷水中，能提供长时间的保护，不仅解决了透气和防水的矛盾，也能防止冷水导致体温下降，致人伤亡。③其他应用方向，一是应用于电池系统的电极隔膜，这样可以将电解液和活性电极材料分隔开，提高电池效率及散热率；二是仿制水黾腿表面的微观多级结构的超疏水性能，制造新型水上机器人；三是利用材料的超疏水性、超亲水性及在指定区域赋予材料不同的润湿特性，可以在沙漠等干旱环境下定向收集饮用水；四是在被油污染的水域获取水源，应用超疏水材料快速、高效地进行油水分离。

生物界是大自然赐予人类的巨大宝库，人类尚未开拓的领域和未解决的问题不胜枚举，生物界有太多的奥秘等待人们去破解，去开发，去造福人类。生物系统是开发新材料和新技术的重要途径，当代有志青年可以把生物界作为技术思想、设计原理和发明创造的源泉。生物仿生设计和新材料制备是青年才俊成长进步的可以选择的路径。通过生物仿生持续研发新材料必能给人类社会和人类生活带来革命性的变革。

实验十二　铁与水蒸气的反应

一、实验目的

掌握铁与水蒸气反应操作要点。

能对实验装置进行改进。

能成功进行演示实验。

二、实验用品

1. 实验仪器

硬质试管、酒精喷灯、酒精灯 2 盏、带导管的橡胶塞、铁架台（带铁夹）、蒸发皿、坩埚钳。

2. 实验药品

还原铁粉、蒸馏水、肥皂水。

3. 其他用品

火柴、湿棉花、玻璃丝绵。

三、实验原理

铁能与水蒸气在高温条件下发生反应，生成 Fe_3O_4 和 H_2。

$$3Fe+4H_2O\ (g) \xlongequal{高温} Fe_3O_4+4H_2$$

（由于水在高温下为气态，所以生成的 H_2 不用标↑）

铁与水蒸气的反应过程可以是分步进行的：铁与水蒸气反应先生成 $Fe(OH)_2$ 和 H_2。

$$Fe+2H_2O\ (g) = Fe\ (OH)_2+H_2$$

同时因为 $Fe(OH)_2$ 是比 Fe^{2+} 更强的还原剂，$Fe(OH)_2$ 可以在一些条件下发生 Schikorr 歧化。

$$3Fe(OH)_2 \xlongequal{\triangle} Fe_3O_4+2H_2O+H_2$$

Shipico 和其团队认为 $Fe(OH)_2$ 还可直接发生歧化反应生成 Fe_3O_4 和 Fe。

$$4Fe(OH)_2 \xlongequal{\triangle} Fe_3O_4+Fe+4H_2O$$

四、操作步骤

（一）酒精喷灯加热实验

（1）按装置图 4-9 安装实验装置。

（2）检查装置气密性。

（3）先点燃酒精灯，排尽管内空气，再点燃酒精喷灯，待蒸发皿中收集到大量肥皂泡时，先移除玻璃导管，再熄灭火焰。

（4）点燃火柴检测气体成分。

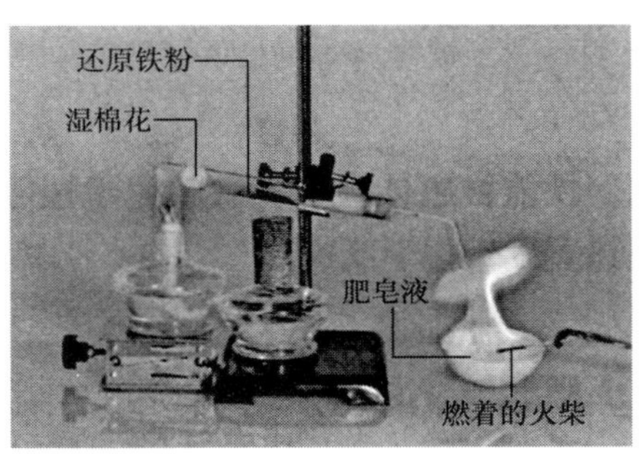

图 4-9　人教版（2019 版）教科书中实验装置

（二）双酒精灯加热改进实验

（1）按如图 4-10 所示的实验装置图安装实验装置。

（2）向硬质试管中加入约 2cm 高的水。

（3）搭建固体粉末的第一层夹板。用镊子夹取一团玻璃丝，在大试管中部搭建一个用作支撑铁粉的玻璃丝“夹板”。

（4）将铁粉放入试管中部的“夹板”上，约 2cm 厚度。

（5）再用一团玻璃丝覆盖在试管里的铁粉上部，搭建成另一个可以支撑铁粉的玻璃丝“夹板”。

（6）套上带导管的橡胶塞，导管末端接一段橡胶管。

（7）点燃酒精灯，预热铁粉，然后对铁粉集中加热 2min。加热一段时间后，将橡胶管插入盛有肥皂泡的蒸发皿中，约 1min 后，移动酒精灯在铁粉和盛放水的试管底部之间来回加热。

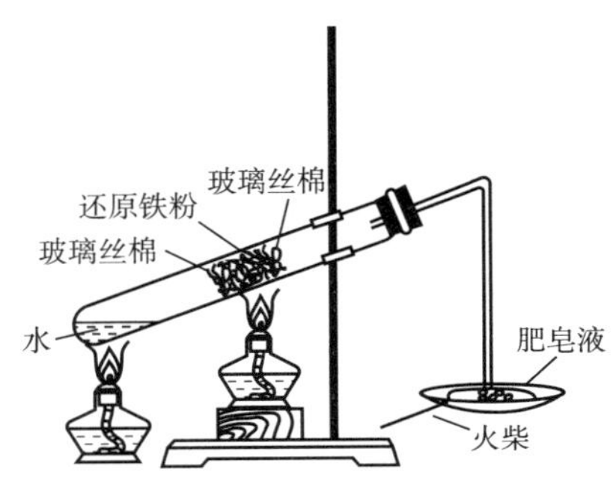

图 4-10　铁与水蒸气反应改进装置

（8）加热过程中可观察到蒸发皿中有大量的气泡产生，待气泡产生较多时，移除导管，熄灭酒精灯。

（9）用火柴或一头缠有被酒精浸润的脱脂棉的玻璃棒做成一个小火炬，点燃肥皂泡，可以听到“噗”的一声。

五、注意事项

（1）酒精喷灯加热实验试管口应略向下倾斜，低于试管底。

（2）酒精灯应先放在湿棉花的位置上加热一会儿，待试管底部温度略高，且有部分水蒸气形成时，再加热铁粉。

（3）肥皂水不宜太稀，否则吹出的氢气泡太小，点燃时现象不明显。

（4）实验结束时，应先从肥皂水中移除导管，再熄灭酒精灯。

六、思考题

（1）为什么铁粉需要过量？

（2）用玻璃丝棉承载铁粉有哪些好处？

（3）为什么要先排除管内空气？

（4）为什么先加热铁粉，再加热水蒸气？

【课程思政案例】

中国科学家的人生第一要义

20世纪50年代留美归国科学家是一个特殊的群体。1949年以前中国赴美留学的学者及留学生有5000多人，20世纪50年代归国的有1200人。这些60多年前的“海归”，在中华人民共和国科学事业的发展中发挥了重要作用，他们的名字注定会载入新中国的史册。当时美国政府限制中国留学生回国甚至采取扣留的方式。在这些被扣留的留学生中，有一名来自河北的学生师昌绪（1920—2014）。

师昌绪1948年赴美留学，其间在麻省理工学院做研究助理，主持军用飞机起落架用超高强度钢的研究课题，从此便被列入了禁止回国的35名中国留学生黑名单。经过一系列的争取，终于在1955年6月回国。面对中国缺镍无铬，技术和材料受封锁的情况，师昌绪提出大力发展铁基高温合金方案，并研制出中国第一块铁基高温合金，是中国高温合金研究的开拓者。师昌绪在金属凝固理论方面研究发展了低偏析合金技术，通过有效控制微量元素以降低合金凝固偏析。在此基础上，金属研究所的科研人员在他的指导下，对应用于各类飞机发动机和大型燃气轮机定向、单晶等系列高温合金和复杂型腔的铸造技术开展研发。师昌绪还根据中国资源情况，开发出多种节约镍铬的合金钢，解决了当时中国工业所需。在国家碳纤维研发低谷时期，他不惧困难挑战，把碳纤维研发一抓到底，使国产碳纤维在国际航空航天领域占有一席之地，改变了此前完全依赖进口的历史。

师昌绪是材料科学家、战略科学家，是中国科学院和中国工程院双料院士。师昌绪在航空、民用高温合金及新型合金钢领域成就突出。

师昌绪说：“人生在世，首先要有一个正确的人生观，要对人类有所贡献。作为一个中国人，就要对中国作出贡献，这是人生的第一要义。”他所领导和参与的科研项目，无论是航空发动机涡轮叶片，还是航空航天碳纤维材料，以及国家重大基础设施的材料工程，无一不关系到国家的国防建设、工业和经济发展。2011 年 1 月 14 日上午，91 岁高龄的师昌绪获得 2010 年度国家最高科学技术奖。国之骄傲，世界瞩目，师昌绪在材料科学领域的突出贡献，将永久载入中国科学发展的史册。

第五章　中学化学跨学科实践研究

跨学科实践活动是中学化学课程的重要组成部分，其有效开展对学生的化学学习具有重要意义，是提升学生综合能力、培养科学素养的重要途径之一。在中学化学教学过程中，跨学科实践活动不仅可以有效地吸引学生的探究兴趣、激发学习动力，而且可提高他们对化学知识的理解和实际应用能力。中学化学教师可根据不同的实验项目要求和学生的基本学习情况，开展实验选题和设计，注重培养学生化学实验团队协作、实践能力和创新能力，进一步加深对化学科学的认识和理解。

第一节　基于碳中和理念设计低碳行动方案

依据物质和实验的性质，设计可行的实验方案，并将其教学功能最大限度呈现出来是教师们普遍关注的问题。科学、合理以及巧妙的实验方案通常可以实现较好的实验效果。中学化学教师在教学过程中要充分调动学生的积极性、发挥主动性，让学生自主设计实验方案，并用其解决实际问题，让他们感受到成功的喜悦，更好地培养实验能力，逐步学会使用科学方法，树立严谨的科学态度。

一、基于碳中和理念设计低碳行动方案的目的及意义

针对当前二氧化碳过量排放导致气候变暖等环境问题所引发的社会性科学议题，引导中学生设计“基于碳中和理念设计低碳行动方案”，该方案设计属于化学与环境领域的行动改进类实践活动，要求学生利用碳中和思想分析实际问题、探索低碳行动方案，具有重要的现实意义。

该方案设计主要以碳元素（C）在大气圈、水圈以及岩石圈的循环为主要研究对象，探究二氧化碳（CO_2）的性质与转化，承载了初中化学“碳和碳的氧化物”的相关内容，涵盖了碳及其化合物的应用、含碳物质的转化及必做试验“CO_2 的实验室制取与性质”等，融合地理、生物及物理等学科的相关内容，着重发展学生的元素观和变化观等化学观念，进一步建构“可持续发展”“系统与模型”等跨学科大概念。

该方案设计能够使学生置身于真实的情境中，引导学生在面对个人生活需要、国家发展以及人类社会发展与低碳要求的两难问题时，发展科学、技术和工程融合解决实际问题的能力，形成国际化视野与构建人类命运共同体的意识，强化社会责任、国家认同和国际理解，促进知、情、意、行的统一（图 5-1）。

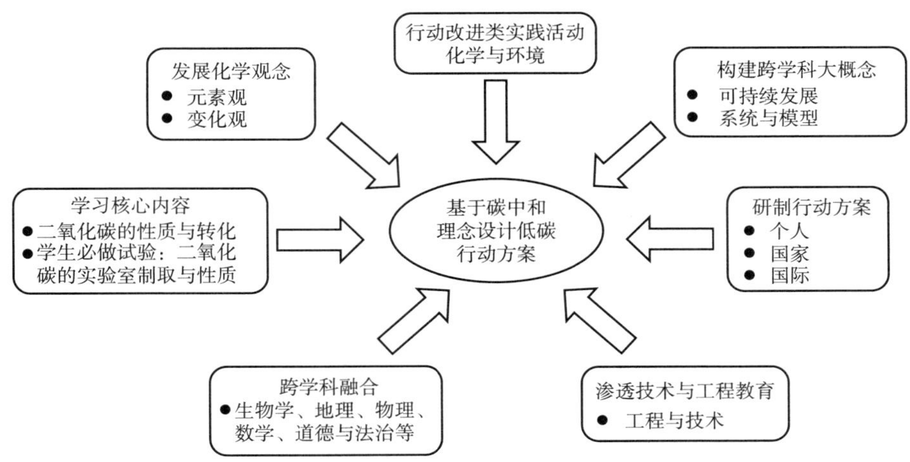

图 5-1 基于碳中和理念设计低碳行动方案的确立

二、实践方案设计

1. 讨论如何合理使用化石燃料

【教师活动】了解 CO_2 的来龙去脉，要在行动层面上设计具体可行的低碳行动方案。诸多国家的经济发展需要依赖大量能源，传统化石燃料作为主要的能源之一还会存在较长一段时间，结合资料分析如何合理使用化石燃料才能实现低碳？

［资料 1］2017 年世界资源研究所的数据显示，我国的碳排放 80%以上来自能源使用，发电供热行业 41.6%，交通运输 7.5%，其他燃料燃烧行业 2.5%，制造业和建筑业 23.2%，工业生产过程 9.7%（数据结果源于世界资源研究所 WRI 数据库统计结果）。

［资料 2］国家在节能减排方面出台的法律法规：《中华人民共和国节约能源法》《可再生能源中长期发展规划》等。

［资料 3］传统火力发电厂生产流程（图 5-2）。

［资料 4］化石燃料富氧燃烧系统（图 5-3）（源自华中科技大学《生物质及生物质—煤富氧燃烧过程中灰的沉积及其对传热的影响》报告及大概念统领的项目式学习——基于碳中和理念设计低碳行动方案）。

【学生 A】发展科学技术，选取富氧燃烧系统提高化石燃料的使用效率。

【教师追问】那么富氧燃烧系统怎样提高化石燃料的使用效率？

【学生 A】通过空气分离设计，得到高浓度 O_2，进而使燃烧更加充分，最后收集尾气循环利用。

【学生 B】传统火力发电厂对产生的尾气直接排放，未进行处理。可以对尾气进行脱硫处理；回收尾气中的 O_2 循环利用；富集 CO_2 进行封存。

【学生 C】可以利用发电过程尾气中的余热来加热低压蒸汽进行发电。

【教师活动】富氧燃烧系统本质上从物质（如利用高浓度 O_2 使含碳燃料充分燃烧）及能量（如热的尾气提供能量）两方面实现了燃料的充分合理利用。将“提高燃料利用率”观念转化为具体的行动需要运用技术、工程方法对已有的能源设备、能源系统进行系统优化。

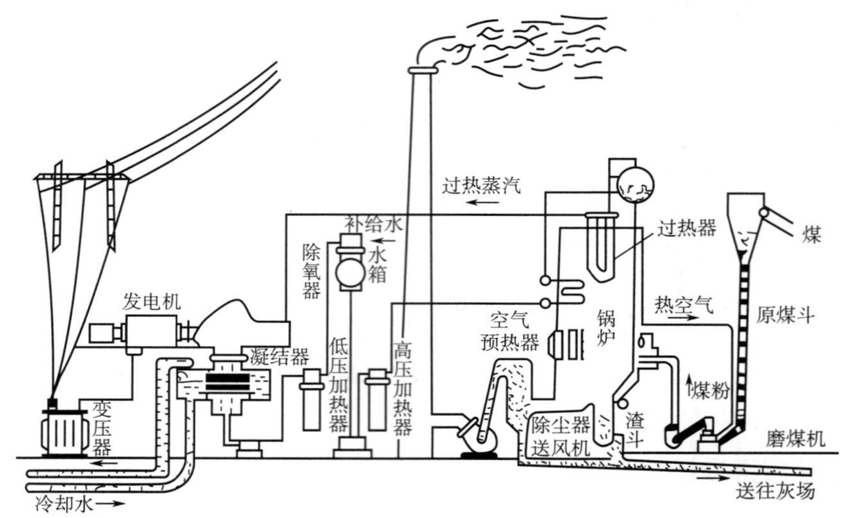

图 5-2 传统火力发电厂生产流程

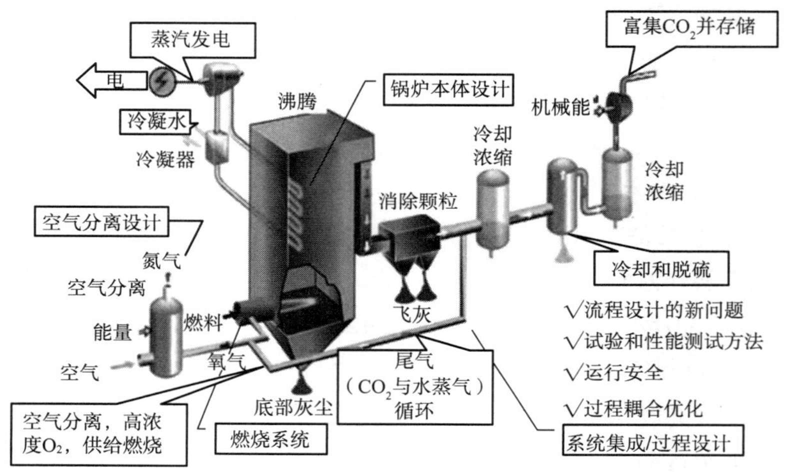

图 5-3 化石燃料富氧燃烧系统

2. 如何科学处理捕获的 CO_2

【教师活动】化石燃料富氧燃烧会产生大量的 CO_2，那么捕获的这些 CO_2 应如何处理？同学们进行小组讨论，提出科学合理的处理方法，并说明其中的原理及可能的利弊。

【学生活动】小组讨论并汇报。

【学生 A】基于元素守恒，小组推测可以将 CO_2 分解为 C 和 O_2；也可将 CO_2 转化为能源，例如利用 CO_2 与 H_2 的反应制取甲醇燃料；以 CO_2 为碳源在植物体中合成有机物质。

【学生 B】依据 CO_2 的处理与再利用思路，提出 2 种方案：①将捕获到大量的 CO_2 制成干冰再利用；②将 CO_2 通入农业大棚，可以增加农业收成。以第①种方案为例，优势在于实现了 CO_2 的再利用，弊端在于无法彻底减少 CO_2，仅是延迟排放。

【学生 C】将 CO_2 转化为灭火器原料、人工降雨原料、大理石等。此外，还可通过高压、低温等条件实现尾气中 CO_2 的捕集，再将其封存到地下，这种方法有一定危险。

【教师追问】将 CO_2 转化为大理石采用了什么原理？

【学生活动】元素守恒。

【教师点评】同学们的方案分为如下三类：①将 CO_2 转化为生活中可以利用的物质，如通入蔬菜大棚、制成干冰等。但同学们在解决实际问题时要有“量”的意识，如我国每年排放 CO_2 的量大约一百亿吨，这些方法能够处理大量的 CO_2 吗？②利用碳捕获和碳封存技术将 CO_2 注入地下，仍存有潜在的风险，例如地壳运动引起二氧化碳喷发而导致灾难，因此不到万不得已不会大规模使用。③利用碳元素守恒原理将 CO_2 转化为甲醇等有用物质，实现 CO_2 的再利用。这种方案在原理上是可行的，但进行工业生产可行吗？

［资料 5］甲醇，分子式为 CH_3OH，无色液体，一种重要的基础有机化工原料，也是一种新型的清洁能源。CO_2 与 H_2 转化为甲醇的反应可通过以下反应式描述。

$$CO_2+H_2 \longrightarrow CH_3OH+H_2O$$

【学生 D】从经济效益来看，要考虑是否廉价易得，反应物中的 H_2 在自然界中不存在；从安全角度出发，H_2 运输和使用时也存在一定的危险；从生成物来看，得到的是清洁的水和纯度较高的甲醇；从反应条件来看要考虑是否容易实现。

【学生 E】通过电解水获得氢气的同时也需要电力，又会排放二氧化碳，得不偿失。

【教师点评】想要实现 CO_2 制甲醇的工业化，核心在于获取 H_2 以及满足反应所需的条件，这些均需发展技术手段。另外，还要考虑经济效益、二次污染等社会问题。因此，实现碳中和目标需要多措并举，既要进行需求导向的科学、技术攻关，还要发挥碳交易市场等政策的调节作用，形成鼓励机制，促进企业自发减排。

想要将低碳行动理念转化为具体可行的方案以实现碳中和，需要全社会技术体系、经济体系、能源体系等方面的变革，需要科学、技术、社会、政策等方面协同发力，需要中国携手国际社会共同努力，更需要每个人的积极参与。随着碳中和这场牵动全局大变革的完成，人类社会将由工业文明进入生态文明，实现人与自然的可持续发展！

第二节 空气中二氧化硫含量测定的实验方案设计

一、空气中二氧化硫的来源

二氧化硫（SO_2），无色气体，有刺激性气味。可溶于水、醇和醚，与空气相对密度为 2.26，常见的大气污染物之一，通常是由传统含硫元素的化石燃料的燃烧、工业生产以及交通运输等活动排放的。这些排放源在全球范围内都是二氧化硫的主要来源。

1. 化石燃料的燃烧

石油、煤以及天然气等化石燃料燃烧会释放出大量的二氧化硫。这些化石燃料被广泛用于发电、加热和供暖等领域，因此它们的 SO_2 排放量巨大。据统计，全球每年燃烧化石燃料所排放的 SO_2 量约达数亿吨。

2. 工业生产

许多化工厂在工业生产过程中会使用化学品和燃料，这些化学品和燃料的燃烧会释放大量的 SO_2。例如，制造纸浆、纸张以及生产硫酸等行业。此外，一些金属冶炼和炼油等行业也会排放 SO_2。

3. 交通运输

交通运输也是 SO_2 的主要来源之一。机动车、轮船和飞机等运输工具都会排放 SO_2。特别是大型运输车和柴油车，它们的排放量非常大。此外，机场和港口等交通枢纽也会产生大量的 SO_2。

二、SO_2 的利与弊

工业上常用 SO_2 进行漂白，主要原理是其与一些有色物质（如品红）反应形成无色物质。SO_2 还具有抑制霉菌和细菌的作用，可用作某些食品（干果）的防腐剂。但必须严格按照国家有关标准和范围使用。

SO_2 被人体吸入呼吸道后，由于其易溶于水，所以大部分会被阻滞在上呼吸道。在湿润的黏膜上形成具有腐蚀性的亚硫酸、硫酸以及硫酸盐等，容易出现鼻黏膜刺激症状，对支气管和肺部有明显的刺激症状，使肺组织受到损害，轻则昏迷，重则死亡。SO_2 还可被人体吸收进入血液，从而对全身产生毒副作用，它能使酶的活性受到抑制，影响人体新陈代谢，对肝脏造成一定的损害，同时也会导致牙齿酸蚀、慢性鼻炎症等多数易见症状，最重要的是 SO_2 还具有促癌性。据动物实验，在 SO_2 和苯并芘的联合作用下，动物肺癌的发病率高于单个因子的发病率，在短期内可诱发肺部细胞癌。

SO_2 也会对植物带来损害，如果环境中 SO_2 浓度超标，会使植物叶片颜色逐步褪去，叶脉处也将出现黄白色点状“烟斑”，并逐步引发植物叶片萎蔫、叶脉变白，进而导致死亡。空气中的 SO_2 溶于水后通过化学反应将产生硫酸型酸雨，这不仅会使水体和土壤酸化，对人类与植物造成严重的危害，腐蚀建筑物，同时也给农作物带来损害，导致农业产量降低。此外，SO_2 污染也将对人类生存环境造成巨大危害，不利于社会环境的可持续发展，在二氧化硫污染与酸雨出现后，每年将为我国带来上千亿的经济损失，为社会经济发展造成了严重阻碍。

三、测定空气 SO_2 含量的实验方案

【教师活动】问题提出：北方地区冬季某供暖锅炉厂周围空气中含有较多的 SO_2，请尝试设计一个简单易行的实验方案，测定空气中 SO_2 的含量（体积分数）。

【学生活动】学生分组协作，查阅调研相关资料，以搜集的资料和已有的知识基础进行实验方案的设计，并进行讨论交流，时间期限为一周。

【实验方案】

方案一　利用 SO_2 的还原性，能将碘单质（I_2）还原成碘离子（I^-），当 SO_2 通入碘—淀粉溶液中，则溶液由蓝色变为无色。测定装置如图 5-4 所示。

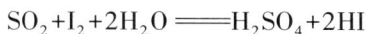

$$SO_2+I_2+2H_2O = H_2SO_4+2HI$$

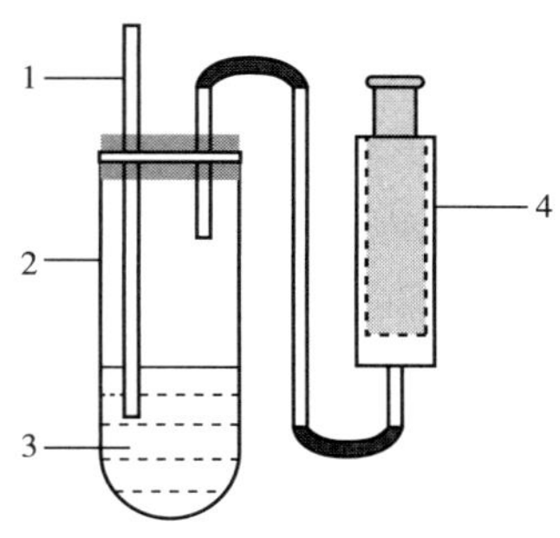

图 5-4　SO_2 的测定装置

1—进气玻璃导管　2—试管　3—碘—淀粉溶液　4—100mL 的注射器

碘标准溶液的配制方法：准确称取 0.127g 粉末状纯碘（分析纯 AR），再称取 0.5g 碘化钾，加入少量的去离子水使其完全溶解，定容于 1000mL 容量瓶中，充分摇匀，取出此溶液进行稀释，得到 $5\times10^{-5}mol\cdot L^{-1}$ 的碘溶液，即可得到标准的碘溶液。

碘标准溶液测定大气中 SO_2 含量的操作方法：移取出 5mL 的 $5\times10^{-5}mol\cdot L^{-1}$ 碘溶液，将其注入到图 5-4 中的试管内，加入 2~3 滴淀粉指示剂到试管中，加入后试管中的溶液颜色将呈现出蓝色。按照图 5-4 所示，将各个仪器进行连接，徐徐拉动注射器，每次抽取 100mL 锅炉厂周围的空气，直到溶液的蓝色全部褪尽，停止注入空气，实验即为终止，记录消耗空气的体积，根据反应方程式以及碘的用量，即可计算出该锅炉厂周围空气中 SO_2 的含量，并可评价空气质量。注意在抽取气体时，一定要缓慢拉动活塞，碘标准溶液的浓度要适中。

方案二　利用 SO_2 的漂白性，用品红溶液吸收空气中的二氧化硫，根据品红褪色消耗空气的体积确定二氧化硫的含量。

在检测地点，用一次性医用注射器抽取品红溶液，再抽取一定体积的空气。将注射器密封、反复振荡后将其中的空气排出。再抽取空气重复这一操作。待品红红色褪去时记录推拉注射器的次数。进而求算出周围空气中 SO_2 的含量。

方案三　……

【学生活动】通过实验来验证所设计方案的可行性与合理性，并在班级里通过幻灯片或照片、短视频以及调查研究报告等形式展示实验成果，通过学生和教师的共同评价，遴选出最佳实验方案。

【教师点评】该运用型实验方案的设计是从生活实际出发，在学生已有的知识基础上提出问题，引导学生通过查阅资料以及勤于思考来解决实际问题，并将设计的实验方案通过具体操作来验证。在整个过程中，不仅巩固和扩充了学生的学科知识，而且使他们学会实验方案设计的基本方法，锻炼了思维能力，同时在方案提出中也有所创新，感受到学以致用的乐趣。

第三节　基于特定需求设计和制作简易供氧器

近几年来，制作供氧器、供氧机成为许多教材编著者以及中考命题专家所欣赏的经典情境素材，《义务教育化学课程标准（2022 年版）》关于该部分内容的描述可知："基于特定需求设计和制作简易供氧器"实践项目是作品制作类综合实践活动。"供氧器"指能提供氧气的装置。"特定需求"指在供氧器设计、制作过程中应考虑特定环境和特定使用人群的实际需求。

一、基于特定需求设计和制作简易供氧器实践活动项目的目的及意义

"基于特定需求设计和制作简易供氧器"实践项目以氧气的知识为核心内容，综合体现"物质的性质与应用""物质的化学变化"学习主题的大概念及核心知识，承载学生必做实验"氧气的实验室制取与性质"，涉及"化学与社会·跨学科实践"学习主题中化学与材料、化学与健康的相关内容，帮助学生建构元素观、变化观等化学观念，促进"系统与模型""比例与定量"等跨学科大概念的进一步发展（图 5-5）。结合工程制作技术，使学生初步建构起产品制作的一般过程和方法。学生在完成实践活动的过程中，不仅需要综合考虑使用环境和使用对象的特定需求，还要选择具体的技术与工程方法完成简易供氧器的设计和制作，还可通过反思、改进，提升团队合作和自主解决问题的能力，激发创造力。

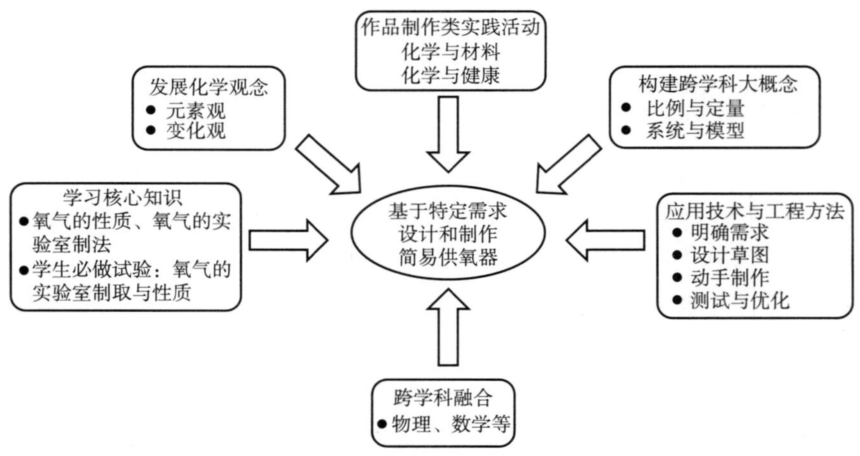

图 5-5　"基于特定需求设计和制作简易供氧器"项目的育人价值

二、实践活动项目内容分析与教学流程

O_2是维持人体生命活动必不可少的物质，当人体缺氧时，可通过制氧器来获取O_2。以“基于特定需求设计和制作简易供氧器”总任务为驱动，依照完成实践任务逻辑，学生需解决三个大问题及八个子任务。学生可通过查阅文献资料、搜集信息、分析比较、实践验证等学习策略，最终以成果汇报的形式进行作品展示。通过规划与初步设计、制作样品、测试优化、组间评价以及总结交流等方式逐步落实项目目标。图 5-6 为“基于特定需求设计和制作简易供氧器”实践项目的逻辑线、知识线、活动线以及素养线的对应关系。

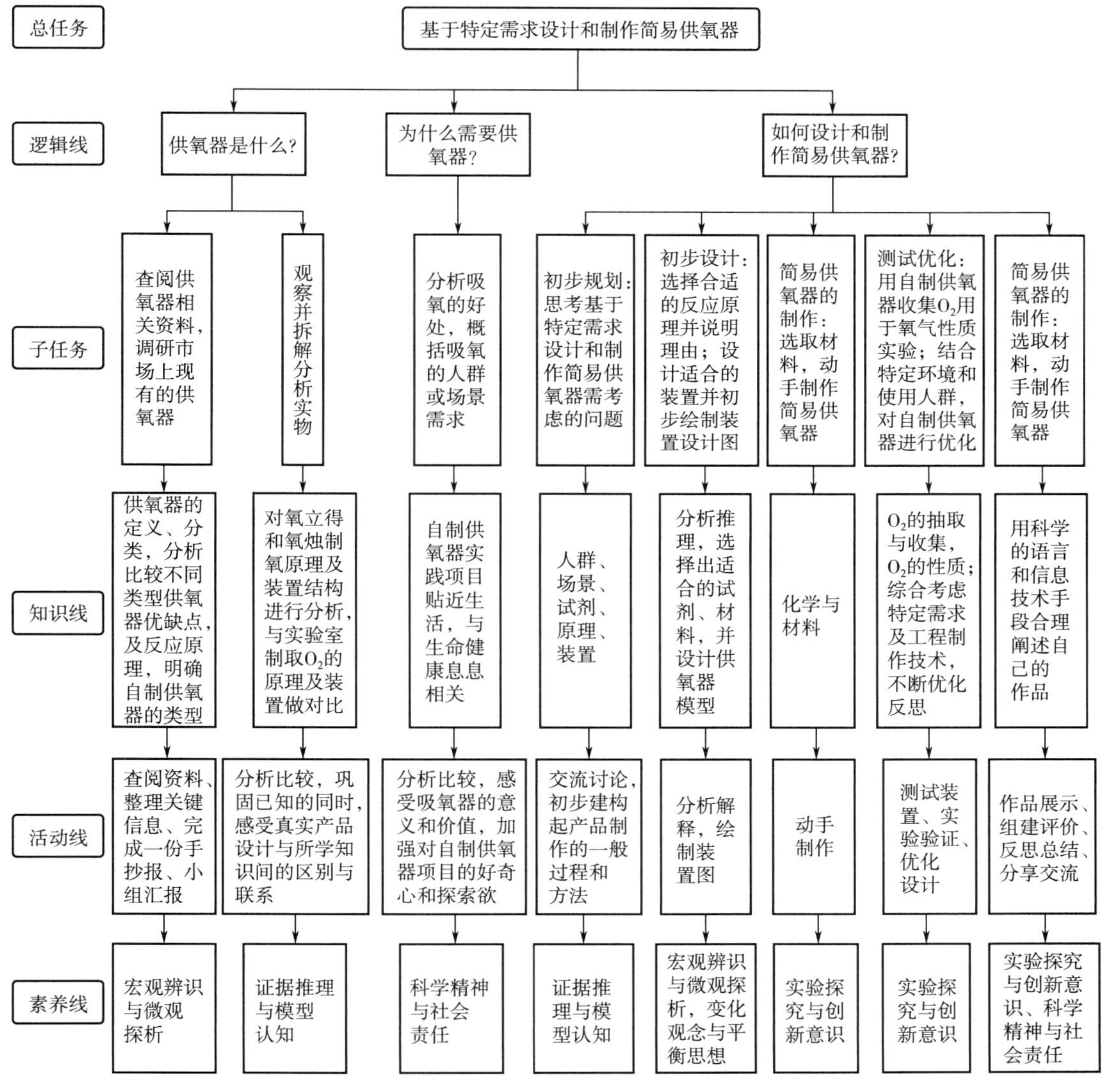

图 5-6　“基于特定需求设计和制作简易供氧器”项目教学思路及流程

三、实践活动项目方案与实施建议

实施该教学实践项目建议 5~6 个学时，具体可以分为以下几个阶段。

第一阶段是项目分析，引导学生将项目任务拆解，并明确每个子任务需解决的具体问题。

第二阶段是小组完成各个子任务，并将研究成果汇总整理，在这一过程中，依据不同小组的任务特点，教师可有针对性地进行个性化指导。

第三阶段是展示环节，每经过一段时间的开放性准备和学习，小组进行各个子任务研究成果的分享交流和小组间的评价。

第四阶段是成果展示。

该项目活动由简单到复杂，知识由理论到实践，学习由浅入深，能力和素养要求逐渐递进。同时，也为教师课程建设积累了包含幻灯片、课堂实录、学生作品等丰富的课程资源。本文展示了江苏省青阳港学校申明睿教师优秀教学案例的部分关键对话与行为：

1. 供氧器是什么？（任务 1、任务 2）

该部分是本实践项目的导引阶段，任务 1 中学生通过阅读相关文献、网上查阅资料、完成一份手抄报、图片展示、幻灯片讲解等方式，了解了供氧器的定义、分类、制氧原理等。通过比较不同类型供氧器的优缺点，分析讨论出了接下来自制简易供氧器的类型——化学供氧器。

【某小组成果展示】2016 年，深圳市举办了一场名叫“绿航星际”的实验活动，让四名受试人员在一个密闭环境仅通过绿植光合作用产生氧气的地方生存 6 个月。这个实验其实就是模拟人在地球上的生活。众所周知，地球上有许多绿色植物，它们能通过光合作用获得人和动植物所必需的 O_2，因此地球其实也是一个大型的供氧器，太空的生活离我们还是很遥远的。希望大家可以保护环境，从我做起，保护好我们赖以生存的地球家园。

【教师点评】绿水青山就是金山银山。只有保护好地球这个大型的供氧器，才能更好地保护我们人类自己。与此同时，我们还要善于利用文献、网络等资源，学会查找和搜集信息，主动了解我们感兴趣的话题或知识，尝试自主解决问题，不断丰富和拓展自己的知识体系。

为了让学生感受真实作品设计与所学知识间的区别与联系，任务 2 中引导学生以小组为单位，通过实物展示、幻灯片讲解等方式，对氧立得和氧烛制氧原理及装置结构进行分析，并与实验室制取氧气的原理及装置作对比。

【某小组成果展示】学习了实验室制氧气后，小组对学生能否自制一台供氧器产生了兴趣，于是我们在市场上搜集了很多供氧器，发现其中的氧立得供氧器与我们学过的实验室制氧在原理和装置上有很多相似之处。为什么说它们相似呢？两者的原理都是 H_2O_2 在 MnO_2 的催化下制取 O_2。除了原理，装置上也有许多相似之处。氧立得中的密封盖就相当于实验装置中的橡皮塞；氧气通道与导管类似；吸氧导插座相当于导管口，是 O_2 出来的地方；反应仓的作用和锥形瓶一样，药品就在这里面发生反应；过滤加湿仓和水槽都起到一个净化空气的作用。除了相似，两者之间还有一些不同点，氧立得用的是固体 H_2O_2，也就是过碳酸钠，是一种白色颗粒状固体，比较容易保存，而实验室所用的 H_2O_2 溶液是无色透明的，比较容易分解，不太好保存。再从装置上来说，氧立得制氧机的设计是一体化的，便于携带，而实验室的制氧装置则需要组装，不太便捷，但它有一个分液漏斗可以用来控制反应速率，方便观察。所以我们小组对如何自制供氧器有了进一步想法，我们小组接下来将按照氧立得供氧器的原理，自制一台供氧器。

这一部分教师最重要的是对各小组研究学习的个性化指导，鼓励学生类比迁移，推理论证。

2. 为什么需要供氧器？（任务 3）

任务 3 中学生以小组汇报的形式，通过对供氧器使用环境和对象的特定需求的分析，体会供氧器的意义和价值。在此过程中，同学们还扩展延伸出自制供氧器对学生的现实意义：具有实践性，培养学生动手能力；能加深对化学知识的理解，便于消化、牢记知识；用脑过度时还能缓解疲劳，减少失眠，增强免疫力，使上课更有精神，身心舒畅，提高学习效率。

【教师反思】同学们有关“学生自制供氧器的意义”的拓展使课堂更具生成性和趣味性，任务 3 的实施加强了学生对自制供氧器项目的好奇心和探索欲。

3. 如何设计和制作制氧机？（任务 4~7）

任务 4 引导学生思考：基于特定需求设计和制作简易供氧器需要考虑哪些问题？使同学们在交流讨论中，初步建立起“基于特定需求设计和制作简易供氧器”的一般程序和方法，形成模型。任务 5 和 6 要求学生在任务 4 的框架结构下，应用模型和方法，从实际需求出发，多角度分析对比选择出最优的制氧原理，并绘制了供氧器的设计图，小组成员分工合作，共同动手完成了供氧器产品的制作。任务 7 要求学生结合特定环境和使用人群，对自制供氧器进行优化。

【教师反思】交流研讨过程中，根据学生讨论的内容创设开放性的问题，让学生互相评价装置上设计的不足之处并想办法改进，拓展了学生的思维，课上学生对装置的互评使各种问题都暴露出来。在实践课上，学生主动地对供氧器进行测试，体验成功的喜悦，并在不断地探索中总结经验，积极发言分享心得。

4. 作品发布会（任务 8）

任务 8 以作品生产流程的步骤将学生划分为市场组、产品组、研发组、测试组、营销组、策划组等六个小组。让学生以每个组的工作职能，对供氧器的生产过程进行讲解，分享经验以及方法。作品发布会的呈现方式可以通过师生的角色扮演完成，教师以主持人的身份主持一场作品发布会活动，学生以各组岗位职员的身份参与其中，实践活动的真正目的不止在于向学生讲授知识，更希望通过真实的社会场景，激发学生的学习动机，唤起学生的求知欲望，让他们兴趣盎然地参与教学全过程中，积极地表达及交流，经过自己的思维活动和实际操作发展各方面能力，并能够了解和熟悉一个作品/产品从0到1的过程。

【教师反思】这次实践教学活动，一方面对于学生被动学习的状态有所改善，学生从"学会"学习，到享受成功的喜悦，强化学生的学习动机，从而爱上化学。另一方面调整了教师的教学模式，从生活实际出发，布置具体的岗位任务，会让学生身临其境，更自然更真实感受到化学在生活中的应用，促使学生的情感和兴趣始终处于较佳状态，进而保证施教活动的有效性以及预见性。

第四节　垃圾分类与回收利用

一、垃圾分类与回收利用实践活动的目的及意义

"垃圾分类与回收利用"属于社会调查与研究类跨学科实践活动，是针对生活中垃圾不能有效无害化处理导致的资源损失与环境污染这一社会性科学议题进行探讨、研究和设计的。

该实践活动以生活垃圾中所含的人类生存和从事生产活动所需的原材料或半成品的转化和再生为主要研究对象，要求学生从物质及其变化的角度，认识资源的综合利用，理解化学与生态环境保护的关系。融合了地理、生物、道德与法治等学科的相关内容，探究垃圾回收利用的解决办法，涉及"化学与社会·跨学科实践"学习主题中化学与环境的相关内容，有利于元素观、分类观和变化观等化学观念的建构，促进"原因与结果""系统与模型""可持续发展"等跨学科概念的进一步发展。该实践活动能够帮助学生增强通过查阅资料、社会调查等途径获取和加工信息的自主学习能力；能够融合物理、化学以及生物方法，并结合当前的政策要求，针对垃圾处理提出建设性、创造性见解；遵守法律法规，增强保护环境的意识，树立人与自然和谐共生的绿色可持续发展理念，强化社会责任感。该实践活动在培养学生核心素养、提升学生解决实际问题的能力等育人价值如图5-7所示。

二、活动内容分析

"垃圾分类与回收利用"实践活动项目是"化学与社会·跨学科实践"学习主题的重要内容。初中化学新课标对该项目提出内容要求：了解废弃金属对环境的影响及金属回收再利用的价值；知道资源利用可能对环境产生影响，树立环保意识。主要内容包括垃圾导致的环境问题，垃圾分类、垃圾的处理办法及相关政策法规。垃圾污染造成的环境问题极大地危害到人体健康和经济发展。垃圾分类及无害化处理能有效从社会、经济、生态三方面缓解垃圾污染带来的问题。该实践活动项目涉及化学、生物、地理、道德与法治等学科

内容，促使学生养成对垃圾进行分类的习惯，树立良好的生态文明意识。该实践活动项目的内容结构如图 5-8 所示。

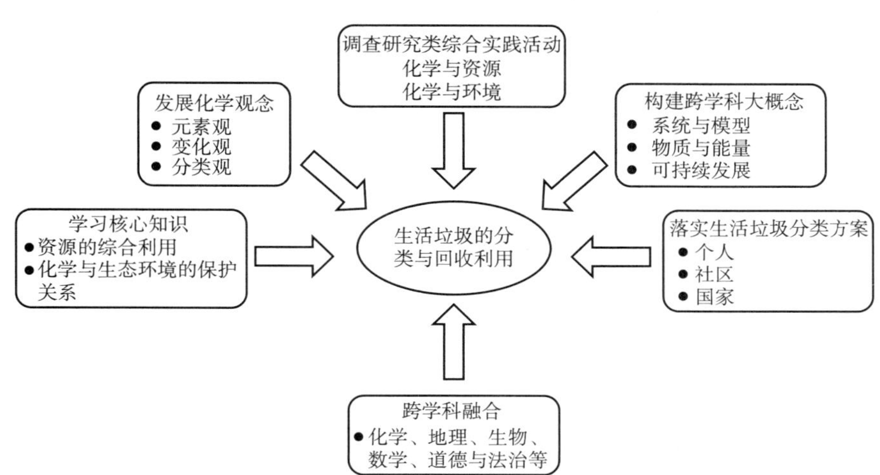

图 5-7　生活垃圾的分类与回收利用实践活动的育人价值

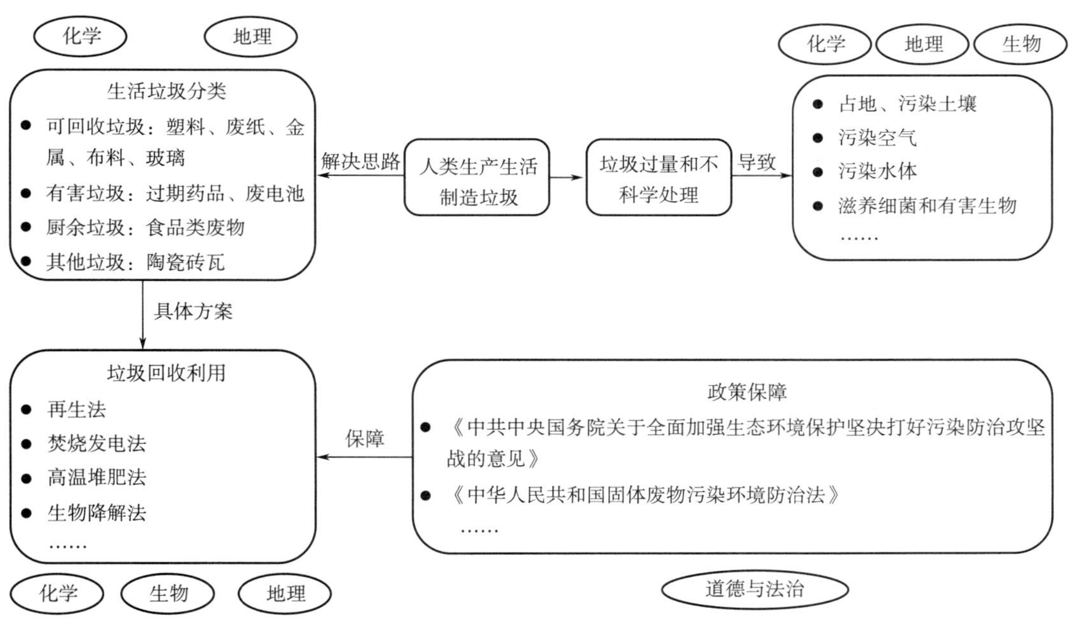

图 5-8　生活垃圾的分类与回收利用实践活动项目的内容结构

三、实践活动设计与实施建议

依据工程实践的一般步骤，参考前文中建构的跨学科实践活动设计的基本流程，垃圾的分类与回收利用实践活动项目设计了以下四个核心活动：①明确任务，初步构思（活动一）；②搜集资料，建构模型（活动二）；③系统设计，制定方案（活动三）；④成果展示，交流评价（活动四）。

（一）活动一

活动一“明确任务，初步构思”，通过互联网、书籍、期刊查阅相关资料，了解垃圾过量和不科学处理对生态环境造成的恶劣影响以及目前生活垃圾回收处理的现状，体会本次实践活动的价值，理解其意义，明确具体任务。结合所学知识及已有经验，初步制定人类生产生活垃圾分类及回收利用的方案，进一步明确完成实践活动项目所需的化学知识及生物、地理、物理及道德与法治等跨学科知识（表 5-1）。

表 5-1　活动一问题解决线、知识逻辑线及素养发展线

问题解决线	问题 1：垃圾过量和不科学处理对生态环境的影响有哪些？	问题 2：怎样解决垃圾对环境造成的污染问题？	问题 3：生活垃圾回收利用的常用方法有哪些？	问题 4：生活垃圾回收再利用过程中需考虑哪些问题？	问题 5：生活垃圾分类与回收利用的初步方案？
知识逻辑线	垃圾引起的环境污染现状及危害	垃圾造成的环境污染的防治	生活垃圾回收利用和处理的现状	生活垃圾分类标准与生活垃圾回收利用的关系	解决实际问题的一般思路
素养发展线	科学态度与责任：在理解化学与生态环境保护的关系的基础上，知道资源开发、能源利用以及材料使用可能会对环境产生影响，树立环保意识	科学态度与责任：形成节约资源、保护环境的习惯，树立生态文明的理念	科学探究与实践：通过互联网查询等途径获取及加工信息的学习能力 科学态度与责任：对化学学科促进人类文明和社会可持续发展的重要价值具有积极的认识	化学观念：物质具有多样性，依据分类标准可以分为不同的类别；物质的性质决定用途 科学思维：在解决问题中运用分类科学方法；在解决与化学相关的真实问题中形成质疑能力、批判能力和创新意识	科学思维：基于事实建构模型的能力 科学探究与实践：提出解决实际问题的初步方案的能力 科学态度与责任：运用化学知识对生活及社会实际问题做出判断和决策的意识

【教师活动】投影展示生活中常见的各种各样的垃圾，提出疑问：这些垃圾都从何而来？

引导学生通过查阅资料，了解垃圾对生态环境造成哪些影响。

【学生活动】通过互联网、书籍以及期刊获得相关资料信息，解决问题。

通常情况下，垃圾源于人们的日常生活以及工业生产。垃圾是一种自然环境污染物，垃圾处理不当，分解可能会产生有毒有害气体，进而造成大气污染；堆积如山的固体废物垃圾会占用土地；如果埋入土壤当中，又会破坏土壤；倾入河流、海洋的垃圾又会污染水体，危害河流、海洋生物等。

【教师活动】提出问题：哪些方法可以有效地减轻垃圾对环境的污染？

提示：同学们可以从对污染源头的妥善处理和污染结果的改进两个视角出发思考。

【学生活动】小组讨论，解决问题。

减少过度包装、用布袋代替一次性塑料袋、不随意丢弃垃圾、生活垃圾回收再利用等途径或方法可以从源头上减少垃圾对环境的污染。

垃圾场污染修复、探索研发固体废物、废气及污水处理技术等方法可以对垃圾造成的污染结果加以改善。

【教师活动】引导学生认识垃圾的种类，指出本次实践活动的任务是设计生活垃圾分类与回收利用的方案，为资源的合理利用及环境保护做出自己的一份贡献。

提出问题：常用的生活垃圾回收与利用的方法有哪些？

【学生活动】认识垃圾可以分为工业垃圾、建筑垃圾、医疗垃圾和生活垃圾等，明确本次实践活动的任务是设计生活垃圾分类与回收利用的方案，小组讨论并查阅资料，解决问题。

废旧物品直接利用：塑料购物袋循环使用、废旧纸箱用来作为收纳箱，可燃类旧物可用作燃料取暖等。

废旧物品简单改造：废纸折成垃圾盒，破旧轮胎内里剪成皮筋，旧衣服做成拖布等。

工业回收利用：废旧易拉罐融化后可倒入模具制成铝盆等容器，用过的作业本、报纸等纸张用来做再生纸，可燃垃圾可用于焚烧发电等。

【教师活动】总结学生们提出的生活垃圾分类回收利用方法，引导学生认识不同类型的生活垃圾有不同的回收利用方法，因此在进行生活垃圾回收利用之前需做好哪些准备工作？

【学生活动】认识垃圾分类与回收利用之间的关系，为做好生活垃圾回收利用工作，准确提取有利资源，一定要进行有效的生活垃圾分类。

【教师活动】引导学生根据本节课的内容，结合解决实际问题的一般思路和方法，初步提出完整的生活垃圾分类与回收利用方案。

【学生活动】小组讨论，得出结论。

依据一定的标准对生活垃圾进行分类，再结合不同种类垃圾的性质及用途设计生活垃圾分类与回收利用的方案。通常情况下，对生活垃圾的回收利用可分为两类，即直接利用和间接利用。日常生活中较常用的是直接利用或简单改造后间接利用的方法，而工业上的回收利用大部分属于间接利用。

（二）活动二

活动二“搜集资料，建构模型”，通过查阅相关资料，了解国家、政府针对人类生产生活垃圾分类提出的相关政策法规，了解我国对于生活垃圾分类的国家标准，理解垃圾分类的现实意义。通过了解目前社会中生活垃圾分类相关政策的实施和执行情况，思考怎样做好生活垃圾的分类工作，探讨如何在现有生活垃圾分类标准的基础上做好生活垃圾的回收利用工作。明确根据生活垃圾分类的标准，从物质的分类及转化角度制定垃圾回收利用方案的思路（表 5-2）。

表 5-2　活动二问题解决线、知识逻辑线及素养发展线

问题解决线	问题 1：生活垃圾分类的意义有哪些？	问题 2：应该根据怎样的标准对生活垃圾进行分类？	问题 3：做好生活垃圾分类前提下，怎样进行回收再利用？	问题 4：目前我国生活垃圾分类工作进展如何？	问题 5：怎样做好生活垃圾分类工作？
知识逻辑线	生活垃圾分类的意义	国家生活垃圾分类标准	通过化学视角，形成生活垃圾分类、回收利用模型	我国的生活垃圾分类工作发展现状	对做好生活垃圾分类工作的建议
素养发展线	科学思维：在解决问题的过程中运用分类的科学方法 科学态度与责任：对化学学科促进人类文明和社会可持续发展的重要价值具有积极的认识	科学探究与实践：通过互联网查询等途径获取及加工信息的学习能力	化学观念：物质具有多样性，依据分类标准可以分为不同的类别；物质的性质决定用途 科学思维：能够基于事实建构模型，在解决与化学相关的真实问题中形成质疑能力、批判能力和创新能力 科学态度与责任：对化学学科促进人类文明和社会可持续发展的重要价值具有积极的认识；遵守科学伦理和法律法规，具有运用化学知识对生活及社会实际问题做出判断和决策的意识	科学探究与实践：通过互联网查询等途径获取及加工信息的自主学习能力	科学探究与实践：提出解决实际问题的初步方案的能力

【教师活动】提出问题：既然垃圾分类是垃圾回收利用的前提，那么做好垃圾分类工作有哪些益处呢？

【学生活动】小组讨论，认识垃圾分类的重要意义与价值。

资源：回收效率高。

社会：提高公民环保意识。

生态环境：得到改善。

人力物力：减少垃圾处理的工作量。

……

【教师活动】引导学生通过查阅资料，了解国家关于生活垃圾分类标准的相关政策和规定。

【学生活动】查阅资料，得出结论。

《生活垃圾分类标志》（GB/T 19095—2019）将生活垃圾分为四大类十一小类，分别为：可回收物（包括塑料、纸类、织物、玻璃和金属）、有害垃圾（包括家用化学品、灯管、电池）、厨余垃圾（即湿垃圾，包括家庭厨余垃圾、餐厨垃圾、其他厨余垃圾）、其他垃圾（干垃圾）。除以上四类外，家具、家用电器等大件垃圾和装修垃圾应单独分类。

近几年，我国各城市也先后制定和实施“生活垃圾管理条例”，力求建立健全生活垃圾分类投放、分类收集、分类运输、分类处置的全程分类体系，积极推进生活垃圾源头减量和资源循环利用工作。

【教师活动】在了解生活垃圾分类的国家标准之后，引导学生从化学视角认识生活垃圾分类标准与生活垃圾回收利用之间的关系，从物理变化和化学变化的视角认识生活垃圾回收利用的过程，对活动一中提出的制定生活垃圾分类与回收利用方案的一般思路进行完善。

【学生活动】在教师的引导下创立化学视角，完善生活垃圾分类与回收利用的一般模型。

从物质的性质及用途的角度思考国家制定生活垃圾分类标准的依据，认识到物质的性质决定用途。从化学变化的视角认识生活垃圾的回收利用，知道在一定条件下通过化学反应可以实现物质的转化。

创建生活垃圾分类与回收利用的模型：首先依照国家标准对生活垃圾进行分类，再结合不同种类垃圾的性质及用途设计生活垃圾回收利用方案。生活中常用的直接利用或简单改造后间接利用方法很少涉及化学变化。而工业上的间接利用法多数都涉及化学变化。

【教师活动】提出问题：我们已从化学视角认识了垃圾分类对垃圾回收利用的重要意义和价值，要制定生活垃圾回收利用方案，首先要做好生活垃圾分类工作，那么我国当前生活垃圾分类工作有哪些进展？

引导学生查阅资料，了解我国当前生活垃圾分类工作的总体进展情况。

【学生活动】查阅资料，了解生活垃圾分类现状。

困境：伴随人们生活水平的不断提高，垃圾总量逐渐增多，部分居民对垃圾分类的认识不足，对于垃圾分类和垃圾回收系统没有形成良好的配合。

【教师活动】引导学生根据生活垃圾分类的现状，从不同主体层面出发（例如国家、地方政府、社区、个人等），为做好生活垃圾分类工作提出建议。

【学生活动】小组讨论，得出结论。

国家：完善相关法律法规，依法奖惩；加大对生活垃圾分类处理设施的投入。

地方政府：因地制宜，依照不同地区的实际情况，有针对性地制定生活垃圾分类实施标准；选择高校、企业等进行试点，后续推广，循序渐进。

社区：加大宣传力度，设置生活垃圾分类宣传公益广告牌；做好居民生活垃圾分类知识的科普。

个人：提升环保意识，自觉垃圾分类；节约资源，尽量不生产不必要的生活垃圾。

（三）活动三

活动三“系统设计，制定方案”，根据设计思路，综合考虑个人与社会生活实际，从自身出发探索日常生活中垃圾回收利用的方案，从不同视角（经济成本、环境保护、技术保障）出发，运用跨学科知识设计能够大规模、大批量对生活垃圾回收利用的方案（表 5-3）。

表 5-3　活动三问题解决线、知识逻辑线及素养发展线

问题解决线	问题 1：如何按照国家生活垃圾分类标准对家庭日常生活垃圾进行分类？	问题 2：哪些生活垃圾可以回收利用？	问题 3：如何回收利用这些生活垃圾？	问题 4：怎样设计完整的生活垃圾分类与回收利用方案？
知识逻辑线	国家生活垃圾分类标准的应用	资源的识别	资源的利用	运用跨学科知识进行工程设计的一般过程
素养发展线	化学观念：物质具有多样性，可以分为不同的类别 科学思维：在解决问题中运用分类的科学方法；在解决与化学相关的实际问题中形成质疑能力、批判能力和创新意识	化学观念：物质的性质决定用途科学态度与责任；形成节约资源、保护环境的意识，树立生态文明的理念	化学观念：化学变化有新物质的生成；在一定条件下通过化学反应可以实现物质转化 科学态度与责任：对化学学科促进人类文明和社会可持续发展的重要价值具有积极的认识	科学探究与实践：运用简单的技术与工程方法设计相关模型的能力；与他人分工协作、沟通交流、合作解决问题的能力 科学态度与责任：形成节约资源、保护环境的意识，树立生态文明的理念

【教师活动】投影展示常见生活垃圾的图片，引导学生思考家庭日常生活中还有哪些常见的垃圾？依照国家生活垃圾分类标准如何对这些垃圾进行分类？

【学生活动】小组讨论，得到答案。

可回收垃圾：矿泉水瓶、易拉罐、废旧塑料袋、废纸、快递纸箱和其他纸箱、旧衣物等；

厨余垃圾：剩菜剩饭、菜叶菜根、果皮果核、蛋壳、过期食品、茶渣等；

有害垃圾：过期药品、废旧电池、过期化妆品、洗涤剂、废旧灯泡等；

其他垃圾：外卖餐盒、一次性餐具、废旧一次性口罩、尿不湿、食品包装袋、烟头、废旧陶瓷碗盘等。

【教师活动】引导学生对依照生活垃圾分类标准分类后的各种生活垃圾进行进一步细化分类。

【学生活动】可回收物垃圾可进一步细分为以下四类。

纸类：废纸、快递纸箱和其他纸箱；

金属：易拉罐；

塑料：矿泉水瓶、废旧塑料袋；

织物：旧衣物。

厨余垃圾可进一步细分为两类。

熟厨余垃圾：剩菜剩饭。

生厨余垃圾：菜叶菜根、果皮果核、蛋壳、过期食品、茶渣。

此外，有害垃圾和其他垃圾也可进一步细分。

【教师活动】哪些生活垃圾可以直接回收利用？怎样直接利用？

【学生活动】小组讨论，得出结果。

矿泉水瓶或其他塑料瓶、玻璃瓶可以清洗干净后用作容器，例如盛放食醋、酱油及其他调料等；快递纸箱和其他纸箱可用来做收纳、无明显破损的废旧塑料袋可以在不影响使用的前提下重复使用；使用过的一次性木制筷子、餐巾纸、废旧一次性口罩等可作燃料。

【教师活动】继续追问：哪些生活垃圾可以通过简单改造后回收再利用？

【学生活动】小组讨论，得出答案。

旧衣服剪成条状做拖布，废旧轮胎内里剪成皮筋……

【教师活动】引导学生结合活动一中对生活垃圾的工业回收利用方法的初步认识，查阅资料，了解工业上回收利用生活垃圾的常用方法和新兴技术手段，并从经济效益、技术难度以及回收利用率等视角探讨这些方法的可行性。

【学生活动】查阅资料，整合信息。

菜叶菜根、剩饭剩菜、果皮等厨余垃圾可用于堆肥，此方法虽资源效果好，但对于垃圾中的重金属含量及有机质要求相对严格，并且肥料销售竞争力有限。

厨余垃圾经专业分类处理可得废水、废油和废渣。其中废水处理过程中产生的沼气可用于发电，废油脂经过加工可以制成生物柴油和工业级混合油，废渣可通过生物技术制成动物饲料原料。有害垃圾中的废旧电池可通过热处理、湿处理等技术方法回收贵重、过渡金属。

废旧家用电器、手机等电子产品中含有稀有金属资源，对这些物品进行规范的拆解回收，不仅可以回收金属资源，还可以降低开采对环境的破坏。

废旧玻璃可以回炉熔融，制造玻璃容器、玻璃纤维。但需注意再回收过程中对玻璃颜色进行严格分类，精挑细选除去杂质，较浪费时间。

废纸经脱墨可得到再生纸浆，用于制造生产卫生纸、快递纸箱等中低档产品。

【教师活动】引导学生依照生活垃圾的直接利用和间接利用、生活回收和工业回收等不同途径设计生活垃圾回收再利用方案，要求方案具备科学性、实际可行性，其中涉及一定的化学反应，体现化学观念，符合可持续发展观。并将活动二中的生活垃圾分类建议整合，形成完整的生活垃圾分类与回收利用设计方案。

【学生活动】小组分工合作，系统设计生活垃圾分类与回收利用方案。

（四）活动四

活动四“成果展示，交流评价”，小组汇报、展示生活垃圾回收利用方案及设计过程，组间相互评价、借鉴，并尝试在日常生活中实施生活垃圾利用方案（表 5-4）。

表 5-4　活动四问题解决线、知识逻辑线及素养发展线

问题解决线	问题 1：如何对方案进行评价？	问题 2：如何对方案进行改进？	问题 3：如何解决方案设计类工程问题？
知识逻辑线	评价的不同维度	根据评价的结果改进方案	解决方案设计类工程问题的一般思路和方法
素养发展线	科学思维：在解决与化学相关实际问题中形成的质疑能力、批判能力和创新意识	科学探究与实践：运用简单的技术与工程方法改进作品的能力	科学思维：在解决问题的过程中运用比较、分析、归纳等科学方法

【教师活动】请小组代表汇报展示本小组的生活垃圾分类与回收利用方案，引导小组间互评交流。

【学生活动】小组代表汇报展示本小组的设计方案，其他小组进行交流评价及借鉴。

【教师活动】整理学生的互评结果并引导学生将互评结果进行分类。

【学生活动】将互评结果进行分类，认识评价生活垃圾分类与回收利用的不同维度。

【教师活动】引导学生思考除了这些评价维度外，还可以从哪些维度对方案进行评价？

【学生活动】思考评价方案的其他维度。

【教师活动】提示学生对生活垃圾分类建议的评价可从可行性、经济性等维度展开评价。对生活垃圾回收利用方案的评价可以从科学性、可行性、经济性及环保性等维度综合考量。

提出问题：怎样从以上维度出发展开方案评价？

【学生活动】小组讨论，解决问题。

在探讨生活垃圾分类建议的可行性时，可以考虑地方政府能否为当地生活垃圾分类制订特定的标准，居民是否愿意利用空闲时间学习生活垃圾分类相关知识并努力尝试垃圾分类工作；在探讨生活垃圾分类建议的经济性时，可以考虑对垃圾分类政策的落实及宣传所需费用与垃圾回收再利用价值之间的关系，加大对垃圾分类的经济投入是否符合我国目前的国情，怎样把控经济投入的力度等。

在探讨生活垃圾回收再利用方案的科学性时，可以考虑方案中涉及的化学反应能否发生，反应条件是否易操作、易满足，过程是否安全，有无有毒有害物质生成以及反应产率如何等；在探讨生活垃圾回收再利用方案的可行性时，可以考虑是否易于实施，是否会占用公民过多的时间进行垃圾分类和改造，分类标准是否过于严格，超出居民的知识范围等；在探讨回收方案的环保性时，可以考虑在垃圾重造的过程中是否会消耗更多的资源，是否最大程度地发挥了垃圾的价值等。

【教师活动】引导学生依照上一环节提出的具体问题重新进行方案评价并改进。

【学生活动】小组讨论，结合具体的问题对设计的方案进行评价，依据评价结果改进方案，得到最终设计方案并在生活中尝试践行。

【教师活动】对设计和完善生活垃圾分类与回收再利用方案的基本流程进行总结和升华，帮助学生形成解决方案设计类实际问题的一般思路。

【学生活动】总结“设计生活垃圾分类与回收利用方案”的基本流程，在教师的引导下提炼解决方案设计类问题的一般设计思路和方法。

实施“生活垃圾的分类与回收利用”跨学科实践活动建议 3~4 个学时，其中每个活动用 1 学时。在开展再实践活动项目时，教师应充分了解目前生活垃圾分类及回收利用的各种常用方法和前沿技术，以便为学生提供知识补充及拓展。此外，开展的过程中，教师还需留给学生充足的时间和机会查阅及整理相关资料。实践活动完成后，教师应积极引导学生将设计及制定的生活垃圾分类与回收利用方案融入日常生活中，从自身做起付诸实践。建议教师提前设计“生活垃圾分类与回收利用方案设计单”，提供规范以便学生可以参考。

第五节　水质检测及自制净水器

一、水质检测及自制净水器实践活动的目的及意义

“水质检测及自制净水器”项目属于设计类综合实践活动项目，对农业、工业和生活污水过度排放造成的水污染这一社会性科学议题进行探索与研究。其核心是通过确定水中杂质的种类及其含量，再选取适宜的净水材料设计净水器的跨学科实践活动；涉及“化学与社会·跨学科实践”学习主题中化学与环境、化学与资源以及化学与健康的相关内容。该实践活动项目要求学生以化学知识为核心，综合运用生物、物理以及数学等其他学科的相关知识了解净化水的原理，知道水资源的分布特征，运用一定的工程思想及技术方法制作产品，优化细化；培养学生的创新、科学探究与实践操作能力、发展运用科学知识与方法合作解决实际问题的能力，树立保护水资源和生态文明的理念；有利于变化观、分类观和微粒观等化学观念的形成，促进“系统与模型”和“可持续发展”等跨学科大概念的

进一步发展。该实践活动项目的育人价值如图 5-9 所示。

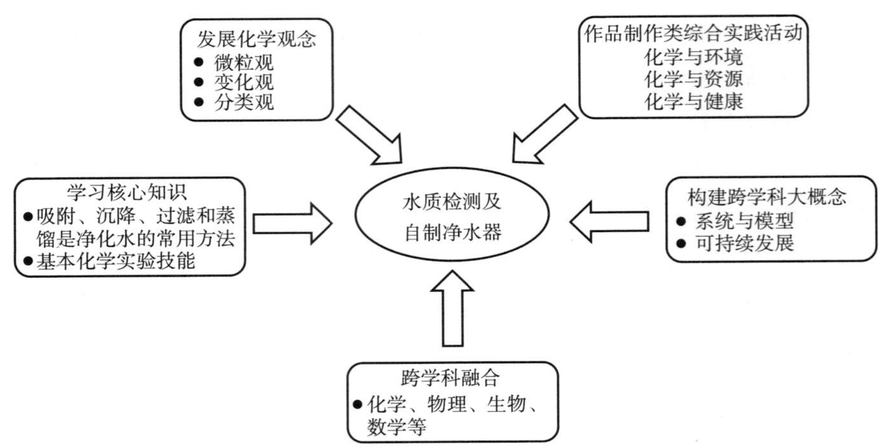

图 5-9 水质检测及自制净水器实践活动项目的育人价值

二、水质检测及自制净水器实践活动内容分析

“水质检测及自制净水器”实践活动项目是“化学与社会·跨学科实践”学习主题的重要内容。初中化学新课标对该项目提出内容要求：了解吸附、沉降、过滤和蒸馏是净化水的常用方法。主要内容包括水体污染的原因、净化水的方法等。水体污染对自然环境和人类生产造成极大危害，水污染治理迫在眉睫。该项目涉及化学、物理、生物、地理、技术与工程等学科内容，使学生知道净化水的常用方法，养成节约用水的习惯，树立生态文明意识。该实践活动项目的内容结构如图 5-10 所示。

三、实践活动设计与实施建议

依据工程实践的一般步骤，参考前文中建构的跨学科实践活动设计的基本流程，水质检测及自制净水器实践活动项目设计了以下四个核心活动：①明确任务，调查研究（活动一）；②水质检测，建构模型（活动二）；③净水器设计与制作（活动三）；④性能测试，交流评价（活动四）。

（一）活动一

活动一“明确任务，调查研究”涉及课前与课上两个部分。其中，课前部分为学生通过互联网、书籍、期刊等渠道自行查阅搜集相关资料，了解目前我国的水资源现状及国家生活饮用水卫生标准，可通过线上视频资源或在教师带领下参观自来水厂，认识生产生活中常用净化水的方法与原理。需注意的是在开展课前活动时，教师应指出学生调查的重点，以便有针对性地调查。课前准备充分后，学生对已具备的知识和经验进行梳理的基础上，课上学习新知识，并归纳总结生产生活中常用的净水技术、方法及原理，初步设计构思自制净水器的思路（表 5-5）。

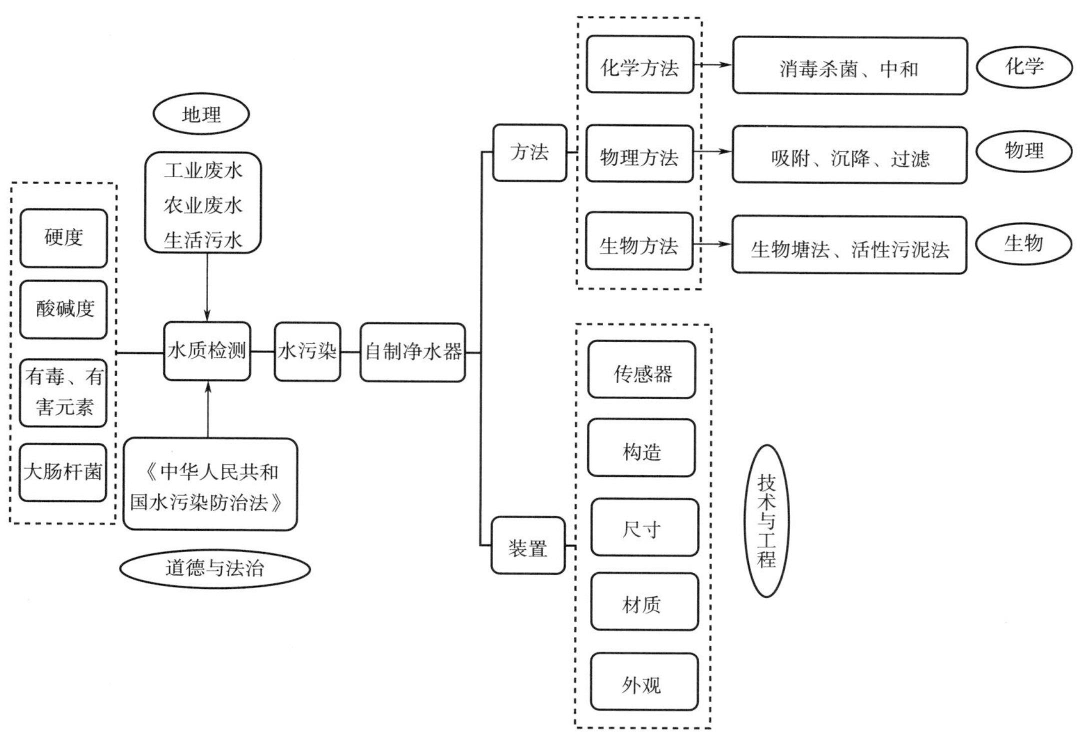

图 5-10　水质检测及自制净水器实践活动项目的内容结构

表 5-5　活动一问题解决线、知识逻辑线及素养发展线

问题解决线	问题 1：地球上有多少可利用的水资源？	问题 2：怎样保护水资源？	问题 3：自然界水中含有杂质的类型？	问题 4：生产生活中常见的净水方法有哪些？	问题 5：净化后的水应达到怎样的标准才可再满足人们饮用需求？	问题 6：运用跨学科知识与方法自制净水器的思路？
知识逻辑线	水资源现状	保护水资源的措施	可溶性杂质、难溶性杂质、微生物	常见的净水方法	《生活饮用水卫生标准》	工程设计的一般思路
素养发展线	科学态度与责任：发展对物质世界的好奇心、想象力和探究欲	科学态度与责任：形成节约资源、保护环境的可持续发展意识与社会责任感，树立生态文明理念	化学观念：物质具有多样性，依据分类标准可以分为不同的类别 科学思维：在解决问题中运用分类等科学方法	科学态度与责任：对化学学科促进人类文明与社会可持续发展的重要价值具有积极的认识	科学思维：从化学视角认识物质及其变化的思路与方法	科学态度与责任：认识化学学科在促进人类文明中的重要价值 科学探究与实践：运用简单的技术与工程方法设计相关模型的能力

【教师活动】投影展示一些生活中关于水资源匮乏、停水的公告或新闻，引导学生思考问题：日常用水资源不足、停水会对我们的生产生活带来哪些影响？

【学生活动】思考问题，探讨交流水的各种应用价值，意识到水是生命之源，人类的生产、生活均离不开水。

【教师活动】水在我们的生产生活中扮演着如此至关重要的角色，继续追问：那么地球上有多少水可以被我们利用呢？

投影展示世界以及我国水资源的现状，引导学生查阅资料并思考：①当前我国水资源面临着哪些挑战与亟待解决的问题？②面临这些挑战及解决这些问题应采取哪些措施？

【学生活动】结合课前查阅的资料及小组讨论，归纳总结水资源现状。体会开展水质检测及自制净水器实践活动的意义与价值。提出节约及保护水资源的措施，例如：①不随意排放生活污水；②生活污水净化后再利用；③海水淡化等。

【教师活动】提出问题：在进行水质检测及自制净水器前需综合考虑哪些问题？需应用到哪些化学知识？

【学生活动】小组讨论并初步确定水质检测及自制净水器需考虑的因素：①被测水体样品（雨水）中可能含有哪些杂质？②哪些技术或方法可以有效地除去这些杂质？

【教师活动】向学生展示过滤前雨水水样，引导学生结合积累的生活经验及对水样的观察，猜想水中可能含有哪些杂质？并试着对猜想的杂质进行分类。

【学生活动】通过对水样样品的观察，发现其中含有小颗粒浮尘；结合已有的生活经验推测水样中还有可能存在一些可溶于水的杂质及肉眼无法观察到的细菌、病毒等微生物。尝试对水样中的杂质进行分类，分别为可溶性杂质、难溶性杂质及微生物。

【教师活动】引导学生解决问题②“面临水资源存在的挑战及问题应采取哪些措施？”。

向学生展示自来水厂用河水为原料生产自来水的基本流程，引导学生思考每一环节的作用及目的。

【学生活动】归纳总结自来水生产需经过哪些基本流程，明确每一环节的作用及目的。结合自来水的生产过程，思考问题②的答案。

【教师活动】对自来水生产过程中设计的净水技术、方法以及原理进行总结与拓展。

【学生活动】了解吸附、沉降、过滤以及蒸馏是净化水的常用方法，熟悉并掌握吸附、沉降、过滤、蒸馏、杀菌消毒等净化水的基本原理和具体操作方法。

【教师活动】设疑：在生产自来水的过程中，对于不同类型的杂质是按照怎样的顺序以及方法除去的？

【学生活动】讨论并得出对于不同类型杂质的除去方法以及除去的先后顺序。

【教师活动】思考自来水厂生产的自来水是否符合生活饮用水的卫生标准，雨水经过净化之后是否能够达到此卫生标准？

【学生活动】根据课前查阅的资料，小组讨论，认识《生活饮用水卫生标准》，知道国家对饮用水卫生标准的要求。然而因实验室技术条件限制，当前可能无法将雨水净化至生活饮用水卫生标准，本次水质检测及自制净水器实践活动的目的是将水体样本（雨水）净化，改善其水质。

【教师活动】在掌握水体样本（雨水）中含有杂质的种类、常用的净水方法以及净水要求的基础上继续思考：在开展水质检测与自制净水器前还需综合考虑哪些实际问题？

引导：①水源的类型对实践活动项目的设计有哪些影响？②净水器外壳怎样选取？③相同功能的不同净水材料的选取对净水效果有哪些影响？④怎样控制进、出水速度？

【学生活动】小组讨论，得出答案。实践活动项目开展前需考虑：水质检测时应结合被测水源类型预测水中可能含有的杂质类型及含量，再进行方案设计开展水质检测；依照水质检测结果，自制净水器时应综合考量净水程度、净水器外壳的材质及尺寸，净水材料的选择、用量及安装顺序，进、出水速度以及生产成本等多种因素。

【教师活动】引导学生探索水质检测与自制净水器实践活动项目的设计思路。

【学生活动】小组讨论，得出初步设计思路：依据已有知识基础及经验，推测被测水体中可能含有的杂质，设计方案检测这些杂质及其含量。依照净水前杂质的种类及含量选取适宜的净水材料及方法，综合运用跨学科知识进行简易净水器的设计。

（二）活动二

活动二“水质检测，建构模型”，学生在推测水中含有杂质种类的基础上设计活动方案，选取适宜的检测方法完成水质样品检测，初步构建依照水中含有的杂质种类及含量自制简易净水器的一般步骤及方法，建构模型（表5-6）。

表5-6　活动二问题解决线、知识逻辑线及素养发展线

问题解决线	问题1：如何检测水体样本的水质？	问题2：水质检测对于自制净水器有哪些意义？
知识逻辑线	常用的水质检测方法 依照实际情况设计水质检测的方案	基于水质检测结果自制净水器的一般模型
素养发展线	科学探究与实践：通过互联网、期刊、书籍等途径获取信息与加工信息的能力，以实验为主的科学探究能力，与他人分工协作、表达交流、合作解决问题的能力	科学探究与实践：运用简单的工程技术方法，构思与设计相关模型的能力

【教师活动】同学们已经了解水体中所含杂质的基本类型，那么雨水中常见的可溶性杂质、难溶性杂质以及微生物具体是哪些物质呢？

【学生活动】结合前一活动对雨水中杂质种类的预测查阅相关资料，确定雨水中所含杂质的具体种类。

可溶性杂质：少量的硫氧化物、氮氧化物等。

难溶性杂质：大气中的浮尘等。

微生物：细菌、病毒等。

【教师活动】引导学生思考通过哪种途径、采取何种方法可以检验雨水中杂质的存在以及测定各杂质的含量?

【学生活动】查阅国标《生活饮用水卫生标准检验方法》《生活饮用水卫生标准》，了解检测水中杂质及其含量的常用方法。

雨水中含有的可溶性酸性气体会使其酸度值下降，可以通过检测雨水中 pH 的方法进行检验；对于难溶性杂质如浮尘可通过感官观察法检验；水中的细菌、病毒等微生物可通过专门的水质细菌检测仪及水质病毒检测仪等进行测定。在以上检测方法的基础上进行定量分析，进一步确定雨水中杂质的含量。

【教师活动】对学生查阅得到的水质检测方法进行总结，引导学生认识要依照水质的实际情况以及现有的科学技术条件选取适宜的水质检测方法。

拓展提示：市面销售的一些水质检测试纸也可以对水质中的参数指标进行检测，感兴趣的同学们可以自行购买对家用自来水的水质进行检测，并了解其检测的基本原理。

【学生活动】了解水质检测的各项指标及常用的检测方法，再结合实际情况选取适宜的水质检测方法。

【教师活动】简要说明因实验室设备技术条件的限制，本次实践活动主要通过色度、气味、肉眼可见物及酸碱度 pH 四个指标对水质进行评价，为学生提供相关的实验仪器及试剂，指导学生从科学性、可行性等方面综合考量，再根据雨水样本的实际情况、现有的仪器设备及试剂设计构思雨水检测的方案。

【学生活动】在考虑雨水水质实际情况的基础上，依照教师提供的实验仪器及试剂，结合《生活饮用水卫生标准检验方法》和教师对常用净水方法的总结与拓展，设计雨水水质检测方案。

【教师活动】请小组代表汇报活动方案的设计依据、原理，引导学生从科学性、安全性及可行性等角度对整个方案进行全面评价。

【学生活动】小组代表汇报展示，介绍本小组的方案设计构思，组间相互评价，修改优化确定最终活动实践方案。

【教师活动】规范操作，进行演示实验，开展水质检测。色度检测采用铂钴比色法，将待测水样与配制好的标准色列进行目测比较，读出水样色度；异味测定采用扇闻法对比纯水与雨水样品味道差别，判断雨水是否有异味；通过目测法观测雨水样品中是否存在肉眼可见杂质；利用 pH 试纸对雨水样品的酸碱度进行检测。

【学生活动】认真观察实验装置、实验操作以及实验现象，记录实验现象与实验数据。

【教师活动】指导学生进行数据整理，分析总结雨水样品水质检测结果。

【学生活动】实验数据处理，对雨水水质检测结果进行分析与总结，对雨水的质量进行评价。

【教师活动】引导学生在已知水样中杂质及其含量的基础上，继续完善自制净水器的设计思路，并思考如何检验自制净水器的净水效果？

【学生活动】小组讨论，可以通过对比净化前后水体中杂质的含量来评价净水器的净水效果。结合对水质检测及自制净水器的思路探索，建立基于水质检测制作净水器的一般模型。

（三）活动三

活动三“净水器设计与制作”，学生通过查阅资料，了解市面上常见的净水器的结构，选择日常生活中可以利用的材料，设计与绘制自制净水器的图纸，通过评估方案的科学性、可行性后确定最终的设计方案，再付诸实践制作简易净水器（表 5-7）。

表 5-7　活动三问题解决线、知识逻辑线及素养发展线

问题解决线	问题 1：市面上常见的净水器有哪些种类？	问题 2：生活中哪些常见的物品可以作为净水器的原材料？	问题 3：水质检测对于自制净水器有哪些意义？	问题 4：怎样自制净水器？
知识逻辑线	市面上常见净水器的种类及常见的净水材料	依据物质的结构推测其性质与用途	结合水体样本中所含杂质的种类选取适宜的净水材料，并通过估算杂质的含量确定净水材料的用量	运用工程设计的一般思路与模型设计自制净水器
素养发展线	科学探究与实践：通过互联网、期刊、书籍等途径获取信息与加工信息的能力	化学观念：物质的结构决定性质，性质决定用途	科学思维：基于实验事实进行证据推理 科学探究与实践：综合运用跨学科知识解决实际问题	科学探究与实践：运用简单的技术与工程方法设计构建模型、作品的能力、团结协作能力 科学态度与责任：对化学学科促进人类文明与社会可持续发展的重要价值具有积极的认识

【教师活动】依据同学们查阅的资料并结合已有的生活经验，了解市面上常见的净水器类型有哪些？它们的净水效果有何差异？通常使用哪些净水材料？

【学生活动】小组协作，讨论总结。市面常见的净水装置主要有：集中型净水机、滤水壶和水龙头过滤器；集中型净水器一般为五级过滤：一级为 PP 棉，主要是滤去大颗粒杂质；二级为前置活性炭，吸附余氯、异色异味；三级为 RO 反渗透膜，作用是滤去重金属离子；四级为后置活性炭，进一步除去异味；五级为 PP 棉或无纺布，滤去后置炭粉，集中型滤水器多为过滤加热一体机。滤水壶通常采用四级过滤：一级为滤网，滤去较大颗粒杂质；二级为离子交换树脂，滤去水垢、重金属铅等；三级为活性炭，吸附余氯、异色异味等；四级为PP棉，滤除残留杂质，微小颗粒物。水龙头过滤器通常为四级过滤：一级为不锈钢滤网，滤去水中泥沙等较大颗粒悬浮物；二级为无纺布，滤去铁锈等较小颗粒悬浮物；三级为活性炭，滤去余氯、胶体等污染物；四级为超滤膜，滤去水中细菌等微生物。

【教师活动】提出问题：同学们已了解了市面上常见净水器的种类及基本原理，那么同学们想一想是否可以用生活中或者化学实验室中常见的物品来替代这些材料？

【学生活动】思考讨论，解决问题：滤网可用纱布、细砂、碎石子、红豆、小米等替代；PP棉可以用化妆棉、棉花、海绵等替代；无纺布可以用一次性口罩、湿巾、麻布等替代，活性炭可通过购买或在化学实验室中找到，超滤膜较难找到替代物。净水器的外壳可以用矿泉水瓶、一次性纸杯或其他塑料瓶替代。

【教师活动】市售净水器多用于净化自来水，而自制净水器需净化的是自然界中的雨水，所以还需在自制净水器中加入沉降及杀菌消毒环节。

【学生活动】了解熟石灰水调节雨水酸度值涉及的化学反应原理，认识化学反应中的物质转化，认识化学反应中微粒的变化情况。

【教师活动】请同学们以雨水为净化水源，联系生活实际，结合前边的水质检测结果，设计自制净水器的方案，并绘制设计图。

活动提示：结合前述活动“雨水样品中杂质的种类及其含量”数据，选取净水材料并确定其用量；其中净水材料选取时还应综合考虑净水效果、成本及组装顺序等；此外，还需综合考虑净水器的实用性、美观性、可控性及净水速度等因素，对净水器进行一体化设计。

【学生活动】小组讨论，设计构思自制净水器的方案，也可通过查阅资料了解生活中其他常用的净水方法进行知识补充。

【教师活动】请小组代表汇报展示，解释设计思路、方案及设计图纸；其他同学评价设计中是否有不妥当的地方。

【学生活动】小组代表汇报展示，解释本小组设计方案的基本原理，小组间互评交流、借鉴，不断改进设计方案。

【教师活动】指导学生依照最终方案，小组成员分工协作，开始制作净水器。

【学生活动】小组讨论确定最终设计方案，小组成员分工协作，对相关数据进行计算并自制净水器。

（四）活动四

活动四“性能测试，交流评价”，学生对自制净水器的性能进行测试、不断优化完善。最后，各小组展示、相互交流并对自制净水器进行评价（表5-8）。

表 5-8　活动四问题解决线、知识逻辑线及素养发展线

问题解决线	问题 1：怎样评价自制净水器的净化效果？	问题 2：怎样解决作品制作类工程问题？
知识逻辑线	水质检测，多维度对自制净水器进行评价	解决作品制作类工程问题的一般思路与方法
素养发展线	科学思维：在解决与化学相关的实际问题中培养学生质疑精神、批判精神以及创新意识	科学思维：在解决化学相关问题中灵活运用比较、分析及归纳等科学方法

【教师活动】指导学生使用自制净水器对雨水样品进行净化，通过观察对其净化效果进行初步评价。

提示并引导学生观察思考：净水过程中雨水的色度以及雨水中肉眼可见物含量的变化较难观察，因此主要观察出水速度是否适宜，思考影响出水速度的主要因素有哪些？

【学生活动】使用自制净水器对水样进行净化，通过观察净水器的美观性、整体性以及进、出水速度对自制净水器的净水功能、效果进行初步评价。如果出现出水速度过慢或过快等现象，查找原因并思考如何进行优化改进。

【教师活动】提醒和指导学生规范操作、注意实验安全，完成净化后水质的检测。

【学生活动】小组成员分工协作，采用前述活动中设计实验方案对净化后的水质进行检测并做好实验记录。

【教师活动】指导学生进行相关的数据处理，请小组代表汇报本小组的水质检测结果。引导学生对比净化前及净化后的水质情况，思考自制净水器的优缺点以及需进一步优化改进之处。

【学生活动】对实验数据进行处理，对比净化前和净化后的参数指标，并将净化后的检测数据与《生活饮用水卫生标准》进行对比，分析水质净化结果，小组代表汇报本小组自制净水器的净化效果。

【教师活动】将各小组的净化水结果进行比较、总结。

【学生活动】通过比较各小组净水材料、净水器结构的差异及净水效果，分析导致各小组净水效果的不同原因。

【教师活动】引导学生从净水装置、净水原理、净水效果及工程技术等维度对自制净水器进行系统评价，并制定优化与改进方案。

【学生活动】小组讨论，对自制净水器进行系统评价并制定优化改进方案。

【教师活动】指导学生对自制净水器进行改进，展示其他自制净水器的方案及设计图示例，引导学生认识在工程设计过程中应根据水源的实际情况和对净化水的需求选择净水材料，并结合现有资源条件进行净水器的制作。

【学生活动】对自制净水器进一步优化改进，初步了解工程设计的基本原则与方法，认识工程设计是一个相对复杂的过程，可以有多种多样的设计方案，每一种设计方案都可能产生不同的效果。明白在实际工程设计的过程中，不仅需要依据实际需求进行方案设

计，还需对方案进行不断地系统优化与改进。

【教师活动】指导学生设计活动评价量表，进行自评、组间互评，并对本次实践活动中学生的各方面表现进行综合评价。

对自制净水器的基本流程进行总结升华，帮助学生形成作品设计类综合实践活动的一般思路。

【学生活动】在教师的指导下进行评价量表的设计，开展自我评价、组间互评，对自己与其他同学在本次活动中的表现进行评价。总结“自制净水器”这一实践活动的基本流程，形成解决作品设计类实际问题的一般设计思路与方法。

开展“水质检测及自制净水器”跨学科实践活动，建议紧密结合水的净化及水资源的综合利用的相关内容与学生必做实验。建议学时为 4 学时，其中每个活动用 1 学时。建议师生共同制订活动评价量表，用于诊断学生学习效果、改进教师教学。

第六节　海洋资源的综合利用与制盐

一、海洋资源的综合利用与制盐实践活动的目的及意义

“海洋资源的综合利用与制盐”项目属于调查研究类综合实践活动，是针对如何利用海洋资源对盐及其他化学物质进行有效提取而设计的。涉及“物质的性质与应用”“化学与社会·跨学科实践”学习主题中化学与资源相关内容。承载学习主题 1 中的学生必做试验“粗盐中难溶杂质的去除”。该实践活动项目促进学生进一步认识海洋资源的综合利用与制盐技术，有利于学生构建元素观、变化观、分类观等化学观念，进一步发展“系统与模型”“稳定与变化”等跨学科大概念及核心知识。

该实践活动项目能够帮助学生在解决实际问题时，综合运用各学科知识，采用合适的工具和方法，充分发挥学生的动手能力，为学生提供充分的动脑思考及动手实践的机会，有利于加深体会化学在综合利用自然资源的作用，树立保护水资源的意识和可持续发展理念，学会辩证地看待人类与自然协调发展中所遇到的问题与挑战，培养学生做出明达决策的意识和能力。该实践活动项目的育人价值如图 5-11 所示。

二、实践活动内容分析

初中化学新课标对“海洋资源的综合利用与制盐”实践活动项目提出的内容要求：认识溶解和结晶现象；结合实例，从物质及其变化的角度，认识资源的综合利用。该实践活动项目涉及多个学科内容：“粗盐中难溶杂质的去除”是化学学科“物质的性质与应用”学习主题的核心知识，太阳蒸发制盐法和冷冻制盐法涉及物理学科的物态变化内容，海洋资源中动植物的生命元素循环涉及生物学科的重要内容，海洋资源的分布与人类活动的相互联系属于地理学科的重要内容。该项目的内容结构如图 5-12 所示。

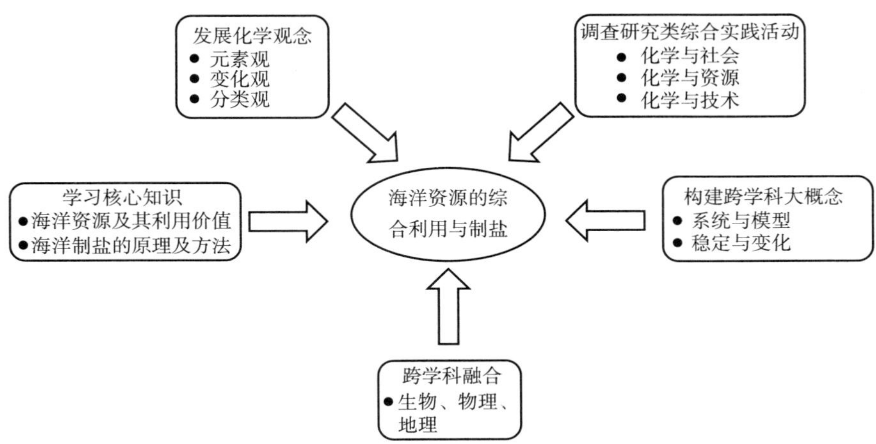

图 5-11　海洋资源的综合利用与制盐实践活动项目的育人价值

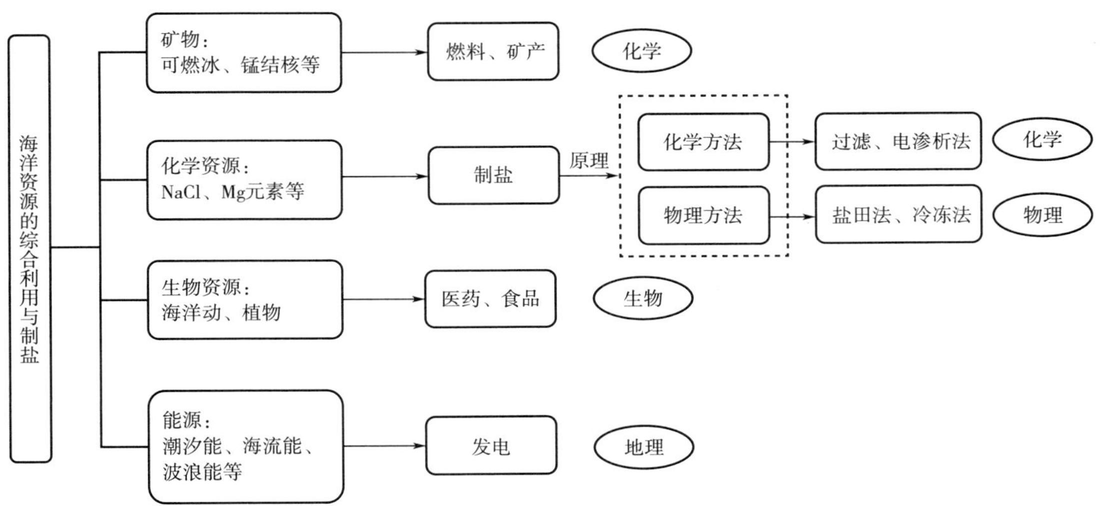

图 5-12　海洋资源的综合利用与制盐实践活动项目的内容结构

三、实践活动设计与实施建议

根据跨学科实践活动设计的基本流程，海洋资源的综合利用与制盐实践活动项目设计了以下三核心活动：①明确任务，搜集信息（活动一）；②系统设计，建构模型（活动二）；③成果展示，交流评价（活动三）。

（一）活动一

活动一“明确任务，搜集信息”，通过互联网、书籍或期刊搜集相关信息，了解海洋中的能源、资源有哪些，以及利用海水制取盐的工艺流程。

【教师活动】视频演示《海洋资源知多少》，海洋是一个巨大的“聚宝盆”，提出问题：那么如此丰富的海洋资源对于我们人类社会以及生态环境有哪些作用呢？

【学生活动】小组讨论，解决问题。一方面，海洋中生物种类繁多，如各种各样鱼、虾和蟹等，可以拓展海鲜品行业市场，增加社会就业机会。另一方面，海洋中主要成分是海水，海水如果淡化能够解决我国淡水资源短缺问题。此外，海上风能较充足，可用于发电等。

【教师活动】继续追问：海洋资源都有哪些类型？有哪些利用价值？

【学生活动】小组讨论，小组代表阐述讨论结果。海底存在丰富的矿物资源（如可燃冰、锰结核）。其中，可燃冰是在低温高压条件下，由甲烷分子与水分子组成的具有笼型微观结构的类冰状结晶物质。可燃冰燃烧可以做燃料，也可用作工业原料，是一种潜在的新型清洁能源。锰结核是一种可再生多金属矿物资源，富含二十多种金属元素，可用于冶炼金属及航空航天工业。同时，海洋中还含有较多的化学资源（NaCl、Mg 元素、I 元素等）。海水中能够提取出 NaCl，经精加工处理后可获取食用盐，还可以为氯碱工业提供原料；Mg 元素可与其他金属元素组成合金，应用于航海航天领域；I 元素能够调节人体甲状腺功能，还可用于医药、染料领域。海洋中的动物（可食用鱼类、虾类等）、植物（海带、紫菜）是人类饮食结构中重要的组成部分，海马、石决明、珍珠粉以及龙涎香等可作为名贵的药材。此外，海洋中还含有丰富动力资源包括潮汐能、波浪能、海流能等。海洋动力资源是蕴藏巨大能量的可再生资源，可用于发电等。一些国家已相继建成试验性的波浪和温差发电站。

（二）活动二

活动二“系统设计，建构模型”，灵活利用化学方法与物理方法，构建以海水为原料制盐的思路。了解海水淡化的基本方法。初步形成海水制盐、淡化的一般程序与方法，形成理论模型。

【教师活动】NaCl 是海水的主要成分之一，我国古代就已经采用煮盐、晒盐的方法从海水中提取 NaCl，投影展示盐田法制盐的流程视频。提出问题：盐田法应用到了什么化学原理？

【学生活动】蒸发结晶法。

【教师活动】继续追问：还可以采取何种方法制盐？

【学生活动】通过冷冻法，将海水冷却到海水的凝固点时，海水凝结成的冰基本上是水，除去水分就能将盐提取出来。

【教师活动】视频演示电渗析法制盐的原理。根据教师演示及同学们的交流，小组同学讨论并设计出你们认为的以海水为原料制盐的最佳方案。

【学生活动】小组讨论，设计海水制盐的一般流程。

（三）活动三

活动三“成果展示，交流评价”，小组成员协作完成海水制盐的理论模型，反思理论模型在实际应用中可能遇到的困难。

【教师活动】请小组代表汇报展示本小组设计的海水制盐的流程，解释设计的基本原理。组间交流互评。

【学生活动】小组代表汇报展示本组的设计流程图，并解释设计意图及涉及的基本原理。海水蒸发环节如果只凭借太阳光自然蒸发，生产效率不可观，可以利用增加温度、风速等条件提高生产效率。制盐过程中产生的母液不能随意排放，还可进一步提取所需物质，经过处理，达到排放标准后再排放。

【教师活动】投影展示相关资料：我国的水资源在时间和地区分布的特征。我国水资源分布不均衡，淡水资源短缺，未来将进入严重缺水期。可见，淡水资源问题的解决已迫在眉睫。

提出问题：如何利用海洋资源解决淡水危机？

【学生活动】利用蒸馏法从海水中提取淡水。

【教师活动】还可以采用反渗透法。通过半渗透膜将淡水从海水中分离出来。半透膜只渗透水，不渗透溶质。当海水一侧的液位高于淡水一侧，产生压力差，使水流向淡水一侧。投影展示反渗透示意图。最后，请同学们谈一谈你对本次实践活动的收获。

【学生活动】归纳总结，表达交流。海洋是一个丰富的“聚宝盆”，人类应该合理利用。知道海水制盐和淡化的方法，知道我国淡水资源短缺，树立保护水资源的意识，养成节约用水的习惯。

参考文献

[1] 中华人民共和国教育部．普通高中化学课程标准（2017 年版 2020 年修订）[M]．北京：人民教育出版社，2020：72.

[2] 中华人民共和国教育部．义务教育化学课程标准（2022 年版）[M]．北京：北京师范大学出版社，2022.

[3] 王磊．中学化学实验及教学研究 [M]．北京：北京师范大学出版社，2009.

[4] 陈迪妹．中学化学实验教学与创新研究 [M]．北京：科学出版社，2014.

[5] 王后雄．中学化学实验教学研究 [M]．北京：北京大学出版社，2013.

[6] 姚林娜．中学化学实验研究 [M]．北京：科学出版社，2013.

[7] 苗深化．中学化学实验研究 [M]．济南：山东教育出版社，2017.

[8] 胡久华，褚童，王静波，等．大概念统领的项目式学习——基于碳中和理念设计低碳行动方案，化学教育 [J]．2022，(43) 9：6-14.

[9] 申明睿．基于大单元设计理念下的跨学科学习实践——以“基于特定需求设计和制作简易制氧机”的项目式教学为例 [J]．化学教与学，2023，14：12-18.

[10] 全雨蒙．STEM 视域下发展学生核心素养的初中化学跨学科实践活动设计研究 [D]．扬州：扬州大学，2023.

[11] 杜婷婷．初中化学跨学科实践活动的教学设计研究 [D]．沈阳：沈阳师范大学，2023.